Cinco Excepcionais casos de Identificação de Espíritos

Ernesto Bozzano

Cinco Excepcionais Casos de Identificação de Espíritos

Tradução
Francisco Klörs Werneck

Biblioteca de Obras Clássicas do Espiritismo

Lachâtre

Instituto Lachâtre
Caixa Postal 164 – cep 12914-970 – Bragança Paulista – sp
Telefone: 11 4063-5354
Página na internet: www.lachatre.org.br
E-mail: editora@lachatre.org.br

3ª edição – Novembro de 2013
1.000 exemplares

Programação visual de capa
Cesar França de Oliveira

Projeto gráfico de miolo
Fernando Luiz Fabris

Impresso no Brasil – *Presita en Brazilo*

CIP-Brasil. Catalogação na fonte

B793c Bozzano, Ernesto, 1862-1943
Cinco excepcionais casos de identificação de espíritos / Ernesto Bozzano; tradução Klörs Werneck; prefácio de Hernani Guimarães – 3ª ed. – Bragança Paulista: Instituto Lachâtre, 2013.
160 p.

1. Espiritismo. 2. Werneck, Francisco Klörs. 3. Título. 4. Biblioteca de Obras Clássicas do Espiritismo

CDD 133.9 CDU 133.7

Sumário

Ao leitor, 7

I. Interessante caso de identificação espírita, 9

II Importante caso de identificação espírita, 35

III. Outro importante caso de identificação espírita, 53

IV. Extraordinário caso de identificação espírita, 93

V. Surpreendente caso de identificação espírita, 119

Ernesto Bozzano, 159

Ao Leitor,

Compõe-se o presente volume, como diz o seu título, de cinco excepcionais casos de identificação de espíritos, três traduzidos do francês e dois do italiano, na seguinte ordem:

I. Interessante caso de identificação espírita (*Di un caso interessante d'identificazione spiritica*)

II. Importante caso de identificação espírita (*Un cas important d'identification spirite*)

III. Outro importante caso de identificação espírita (*Di un altro caso importante d'identificazione spiritica*)

IV. Extraordinário caso de identificação espírita (*Un décédé qui se souvient de tout*)

V. Surpreendente caso de identificação espírita (*Le retour d'Oscar Wilde*)

Certo estou de que o leitor imparcial saberá dar o devido valor a cada um deles.

I. Interessante Caso de Identificação Espírita

O caso que vou resumir foi narrado por um investigador que procede a suas pesquisas por meio de métodos rigorosamente científicos e que continua irredutivelmente cético com referência à interpretação espírita das extraordinárias manifestações mediúnicas por ele próprio obtidas.

O livro do qual resumo o caso em questão tem o título *Forty years of psychic research*, e é da autoria de Hamlin Garland. O bem conhecido escritor norte-americano, aos setenta e cinco anos de idade, resolveu publicar os importantes relatos das pesquisas psíquicas por ele próprio dirigidas como *research officer* das duas sociedades americanas de pesquisas psíquicas que se sucederam nos Estados Unidos da América. Trata-se de um investigador *oficial*, rigorosamente científico, que, além de tudo, sabia experimentar. Isto significa que, ao contrário dos outros *research officers*, nunca se esqueceu de que os instrumentos de trabalho neste campo são pessoas humanas dotadas de extrema sensibilidade. Em todos os momentos e antes de tudo, portanto, teve o maior cuidado em atrair a simpatia e a confiança dos médiuns com quem ia trabalhar, a fim de poder, por tal meio, aplicar os mais rigorosos controles, isto é, os mais desapiedados, com pleno consentimento das vítimas que a ele se entregavam com emocionante espiritualidade. Tendo realizado sessões com numerosos médiuns profissionais, no seu livro, porém, somente cita alguns fenômenos excepcionais por ele obtidos, a fim de se consagrar pessoalmente às experiências com cinco ou seis médiuns particulares que, embora permanecendo desconhecidos, eram, não obstante, bastante poderosos para se tornarem célebres se não houvessem considerado seus poderes como algo sagrado e religioso, que não era conveniente profanar buscando notoriedade e interesse de qualquer forma.

A obra do sr. Garland, pelas manifestações extraordinárias a que assistiu seu autor e pelo rigor dos controles aplicados, é uma das mais importantes e edificantes que tem aparecido à luz do mundo inteiro, depois de muitos anos. Publiquei, a respeito dela, extensa análise que foi comentada na Itália. Aqui, porém, quero somente narrar e estudar um caso complexo e pouco comum de identificação espírita que apresenta modalidades excepcionais de desenvolvimento, ainda que tenha tido a mesma sorte de todos os outros casos do gênero, isto é, não conseguiu convencê-lo da origem extrínseca ou espírita dos casos desta natureza.

A tal propósito, saliento que o irredutível ceticismo do autor ante a eloquência das provas obtidas foi severamente exprobrado por certos críticos, o que, conforme a minha opinião pessoal, é injusto. Cada um tem o direito de pensar por si mesmo, sempre que as suas convicções sejam a expressão sincera de sua alma e sob a condição indispensável de que cada um respeite também, escrupulosamente, as convicções dos outros. Ora, Hamlin Garland respeita totalmente as opiniões dos que divergem de sua maneira de pensar e vai mesmo a ponto de declarar que se esforça, ardorosamente, por participar daquelas convicções, lamentando seu próprio critério que a isto o impede. Que mais se lhe poderá exigir?

Parece-me que seu ceticismo, baseado em considerações gratuitas de filósofo estranho à metapsíquica, deva ser, pelo contrário, um tema de reflexão instrutiva para os leitores do livro, visto que não se poderá censurar um autor que sinceramente expõe o seu estado d'alma, seja ele qual for. Nada mais há além de imoderações de linguagem que, bem frequentemente, são empregadas pelos adversários contra os defensores da hipótese espírita; nada mais que imoderações injustificáveis e irritantes que devem ser superadas por um raciocínio enérgico, tanto mais por serem empregadas em termos de pena e de superioridade, cheios de arrogância, pelos que se esquecem de que, dentre os defensores dos casos em questão, há célebres homens de ciência como Wallace, Crookes, Myers, Barrett, Hodgson, Hyslop, Geley, Du Prel, Lombroso, Profferio, Luciani. Misérias e erros da vaidade humana.

Depois desta longa introdução, proponho-me a resumir o acontecimento, advertindo que meu resumo só pode dar uma pálida ideia da impressão altamente sugestiva, do ponto de vista espírita, que se obtém dos informes deste caso, que ocupam nada menos do que uma centena de páginas do supracitado livro.

Achando-se em Chicago, o autor do livro deparou, casualmente, na residência de um amigo, com uma senhora de sobrenome Hartley, que lhe foi apresentada como médium escrevente. Naturalmente expressou o desejo de realizar com ela algumas sessões, mas a referida senhora se recusou sob o pretexto de que não era médium profissional para, em seguida, confessar:

> Sois escritor e eu não quero expor-me a ser assunto de artigos sensacionais. Viúva e mãe de um menino de doze anos, devo ser prudente.

Finalmente, o nosso autor, rodeando-a de atenções e fazendo-lhe promessas, conseguiu vencer seus escrúpulos e, com alguns amigos comuns, realizou a primeira sessão. A mediunidade da sra. Hartley era de *voz direta* e de *escrita direta*. A escrita se efetuava entre duas ardósias unidas e dispostas de modo a deixar um espaço suficiente para permitir que um pequeno lápis escrevesse entre elas. A médium não caía em transe e as sessões se realizavam a plena luz do dia.

O sr. Hamlin Garland levara suas ardósias consigo e entre elas introduzira uma folha de papel dobrada, com as seguintes palavras escritas:

> Querido Edward, para servir de prova de identidade, queira reproduzir aqui alguns compassos de seu manuscrito musical inédito.

Referia-se a seu amigo Edward Mac Dowell, músico e compositor de talento, falecido há poucos meses.

Ele próprio quis fechar as ardósias, que, em seguida, entregou à médium. Esta, por sua vez, colocou-as em cima da mesa, convidando o experimentador a conservá-las a seu lado.

O sr. Hamlin fez a seguinte observação:

> Percebi o ruído de um lápis que escrevia no interior das ardósias bem como o fenômeno produzido pelas vibrações delas ao mesmo tempo, quando a médium igualmente as segurava por um lado com a mão direita, estando a esquerda pousada sobre a mesa.
>
> Terminada a escrita, a médium retirou as ardósias e as abriu, verificando que ambas haviam sido utilizadas. Em uma podia-se ler uma mensagem do *espírito-guia* e na outra, estas palavras, bem significativas para mim: "Desejaria que me

> pudesses ver transformado tal qual estou, sempre absorvido pelo trabalho e feliz por ser assim! (a) E. A. Mc Dowell".

Abaixo da mensagem, à esquerda, estavam traçadas quatro linhas sobre as quais se podiam ler três notas musicais.

O autor observa:

> O nome escrito era Mc Dowell em vez de Mac Dowell, mas as iniciais que o precediam e que eu não havia escrito no papel eram exatas.

O mesmo fenômeno se reproduziu numa das sessões seguintes, tendo o falecido amigo escrito esta mensagem:

> Estou extenuado, já não sou o mesmo. Agora sinto-me reviver em um ambiente de progresso infinito. Como está a minha mulher? Alguém a auxilia?

A esta última pergunta, o sr. Hamlin Garland respondeu em voz alta:

> Ela está bem. Não é infeliz e alguém a protege.

A mensagem tinha um elevado significado probatório, pois o espírito comunicante havia sofrido grave enfermidade mental que o impedira de trabalhar até a sua morte.

Durante uma das repetições do fenômeno, quando a médium mantinha as ardósias sobre a mesa, elas escaparam-lhe das mãos e foram cair em cima dos joelhos do autor, que assim observa:

> Enquanto estas (as ardósias) se achavam sobre os meus joelhos, eu ouvia o lápis correr em seu interior. Quando as abri, notei que o pentagrama tivesse sido retocado, as linhas estavam melhor marcadas e numerosas notas tinham sido acrescentadas.

Outras notas musicais continuavam a alinhar-se a cada nova repetição, ao mesmo tempo que um fraco murmúrio começou a fazer-se ouvir, respondendo diretamente as perguntas do experimentador em lugar de fazê-lo por meio da escrita nas ardósias, como anteriormente. A este respeito, observa o autor:

> Devo reconhecer que todas as observações do amigo defunto eram feitas de modo impressionante, absolutamente de acordo com o seu caráter. Além disto, parecia ansioso, profundamente ansioso, por obter notícias de sua esposa e de seu estado de saúde. Simultaneamente, pela escrita direta, outras notas se alinhavam e eram mais cuidadosamente traçadas. O murmúrio informou que essas notas eram extraídas do terceiro movimento de sua Sonata Trágica. Logo se sucederam outras notas, mas encimadas de um

título: Húngara ou Hungria. Falando com o invisível, perguntei-lhe:

– Estas notas são talvez extraídas de alguma composição inédita?

– Sim.

– É uma composição, ou melhor, são notas à margem de uma composição?

– É um pequeno trecho de música.

– Onde se encontra ele?

– Entre meus manuscritos em Nova Iorque, em minha casa...

Note-se que esta nova música apareceu nas ardósias, quando elas estavam debaixo de meu pé, e mesmo assim eu sentia as vibrações do fenômeno. Note-se ainda que fui eu mesmo quem abriu as ardósias, sem intervenção da médium...

Devo confessar ainda que, em tal momento, senti a impressão de achar-me em contato com o meu falecido amigo. A medida que esses sussurros se tornavam mais interessantes, eu vigiava com redobrada atenção os lábios da médium, sem conseguir perceber sequer um sinal de movimento deles ou mesmo da garganta. Como quer que seja, é claro que a hipótese de ventriloquia não poderia explicar o fenômeno das notas musicais traçadas nas ardósias, seguras, a princípio, em minhas mãos e, em seguida, debaixo de um dos meus pés.

Como as notas musicais continuassem a aparecer, dirigi-me ao invisível para lhe dizer:

– Edward, você foi além de minhas capacidades de experimentador. Não posso transcrever

> estas notas de música e muito menos identificá-las. Preciso de alguém que me ajude. Lembra-se de Henry Fuller, de Chicago?
>
> – Sim – respondeu ele.
>
> – Vou convidá-lo para vir às nossas reuniões. Ele tem prática de escrita musical e é um excelente pianista. Graças a ele, estarei em condições de pôr em ordem as três mensagens.
>
> O invisível deu o seu consentimento, apesar da desagradável e inevitável interrupção das sessões que se seguiu.

Foi então que começaram as sessões mais importantes desta extensa série de experiências, porém não é possível resumir aqui as outras cinquenta páginas dedicadas ao caso em questão, cheias como estão de interessantes episódios.

Devo, pois, limitar-me a citar breves passagens destacadas e tentar fazê-lo de uma forma coerente e lógica. Conta o autor o seguinte:

> Apenas presente o músico Fuller, nasceu no músico do além a esperança de chegar a transcrever totalmente a sua composição musical. Seus sussurros tornaram-se agudos, produzindo a impressão da presença de uma personalidade poderosa e resoluta, tal como fora seu temperamento quando vivo. Eu falava como se realmente me achasse na presença de meu amigo Mac Dowell ressuscitado. Durante estas séries de sessões, a médium *nunca tocou as ardósias, em nenhuma circunstância*. Mesmo que se concedesse a

possibilidade de uma ventriloquia, restaria insolúvel o mistério da escrita entre as ardósias, que se produziu sobre os meus joelhos ou nas mãos de Fuller, sem intervenção da médium.

À medida que os murmúrios se tornavam mais distinguíveis, revelaram-se progressivamente os característicos de Mac Dowell. A maneira de falar era incontestavelmente a dele, a ponto de causar espanto – concisa, rápida, imperativa. De quando em quando, indicava os erros do copista, ditava as correções, como mais adiante veremos.

Em um dado momento, Fuller sentiu dificuldade de transcrever um compasso e a voz do defunto aconselhou-o a experimentá-lo ao piano. Então a médium sentou-se numa ampla poltrona, como uma simples observadora, e Fuller foi ao piano. Coloquei-me a seu lado e assim permanecemos por duas horas. Fuller transcrevia, sob ditado, as notas musicais dadas pelo defunto e, em seguida, as executava ao piano. Assim foi composta uma suave melodia, de tom místico. Quando Fuller tocava, meu corpo sentia-se sacudido por vibrações estranhas e, em um dado momento, pareceu-me perceber Mac Dowell suspenso no ar, diante de mim... Dir-se-ia estar vigiando o ditado, colocado por detrás dos ombros de Fuller, mas sua voz, ao contrário, vinha do alto... Um fato notável: quando ele mesmo queria corrigir o ditado, não podia fazê-lo *se de antemão as ardósias não tivessem sido fechadas!*

Quando Edward voltou a tomar o *controle*, disse a Fuller:

– Agora toque tudo o que lhe ditei!

Fuller executou oito compassos e o defunto exclamou:

– Muito bem. Agora eu acrescento o acompanhamento.

Foi quando se produziu um incidente assombroso. Sentindo-me fatigado, deixei-me cair na cadeira, retirando a mão que havia posto em cima do mesa. Logo ouvimos a voz do defunto perguntar com ansiedade:

– Onde está Garland? Não o vejo mais! Garland, onde você está?

Respondi-lhe:

– Estou aqui! – E coloquei de novo a mão sobre a mesa.

Com um grande suspiro de satisfação, o invisível fez esta observação:

– Agora vejo-o novamente. Não se retire mais.

Dir-se-ia que, durante certo momento, eu estive afastado da estreita zona de ectoplasma por onde se estabelecia o contato entre os dois mundos. Era evidente que o fato de eu ter retirado a mão de sobre a mesa me colocara fora de sua zona de visão...

Em certa ocasião, o espírito comunicante observou que, durante sua vida, não se encontrara com Fuller mais do que duas vezes. Este perguntou:

– Pode dizer-me onde já nos encontramos?

– Sim, em Nova Iorque e, nas duas circunstâncias, durante um almoço em casa de amigos.

– Exatamente – confirmou Fuller. Pode indicar-me, com precisão, os lugares?

– Da primeira vez foi em um almoço realizado na Quinta Avenida. Não posso indicar exatamente o lugar onde nos reunimos pela segunda vez, mas o almoço foi servido no subsolo de um edifício, ao qual éramos forçados a descer por uma escada apertada.

Interrogando, por minha vez, disse:

– Também é verdade. Pode dizer-me quais eram os demais convidados?

O timbre de sua voz mudou, titubeava:

– Eis aqui! Estavam presentes minha Maria, John Lane, você, Fuller e... não me recordo mais.

Sua voz se apagava e, com um suspiro, declarou:

– Não estou certo dos demais...

Fuller e eu nos encaramos, estupefatos.

Como ousar pretender que semelhantes indicações pudessem provir do subconsciente da médium? Mesmo admitindo que ela fosse ventríloqua, poderia ter conhecimento do tal almoço servido no subsolo de um edifício da Quinta Avenida?

Houve, ademais, algo de emocionante e de convincente no doloroso suspiro com o qual o defunto confessou sua falta de memória, o que teve para mim uma significação bem maior do que para Fuller, pois foi precisamente nesse banquete que, pela primeira vez, percebi vacilar a razão de meu pobre amigo Mac Dowell. Era o começo de sua decrepitude mental.

Terminado o ditado musical, o *espírito-guia* Coulter interveio para nos informar:

– A peça de música que lhes foi ditada não é a reprodução de um manuscrito do espírito comunicante, mas a fusão de vários arranjos musicais.

Depois disso, o comunicante, referindo-se ainda à composição ditada, empregou a palavra *misturamos* e assim nos fez compreender que havia juntado nela notas musicais *espalhadas* em folhas volantes, em seus manuscritos.

Quando Fuller executou a composição ficou impressionado pela melodia de pensamento místico, completamente diferente de qualquer classe de música ouvida e ela penetrou em minha alma, provocando o mesmo calafrio que me assaltara durante a última sessão, quando, ao despedir-me, pareceu-me sentir a mão de Mac Dowell apoiar-se sobre os meus ombros.

Devo suspender aqui o resumo das sessões para narrar os dolorosos fatos que se sucederam, motivados pela mencionada identificação das duas composições musicais obtidas de tão maravilhosa maneira.

O narrador do caso foi à casa da viúva de Mac Dowell temendo, com certa ansiedade, vê-la sofrer alguma comoção ao relatar-lhe o sucedido, mas o contrário foi o que aconteceu. Ela sorriu com ar piedoso e apenas divertiu-se ao ouvir contar tais coisas. De início negou que existissem, entre os manuscritos de seu falecido marido, fragmentos de uma composição intitulada *Hungria*. Negou também que o editor musical Schubert possuísse um manuscrito do defunto que devesse devolver. Finalmente fez notar ao sr. Garland que ele fora vítima de uma miserável mistificação. Garland insistia para que a viúva tomasse informações com o referido editor e ela, finalmente, acabou por ceder – ou dar mostras de que cedera –, informando, em seguida, que nada havia sido encontrado na residência do editor.

Apesar de tudo e a despeito de tantas negativas, produziu-se inesperadamente um notável incidente de identificação e este por meio da própria viúva, que, não obstante, se dignara a olhar com completa indiferença as ardósias que traziam as comunicações ditadas por seu falecido esposo. Ao vê-las, estremeceu subitamente e, examinando a firma do defunto, perguntou com vivacidade:

> – Como o senhor obteve esta assinatura?
>
> – Obtive-as ao mesmo tempo que as mensagens que a senhora leu nas ardósias colocadas sobre os meus joelhos. A médium estava sentada do outro lado da mesa. Contudo, não dou muita importância a esta assinatura, que não deve ser a de Edward.
>
> – Mas sim, é a firma de Edward. Ele assinava exatamente assim quando pela primeira vez o encontrei em Leipzig.
>
> – Mas a senhora não percebe, entre outras coisas, que a assinatura está incompleta? Ele assinava Edward A. Mac Dowell, enquanto aqui

> esta Edward Mac Dowell, com o acréscimo de um 'florejo' em ziguezague debaixo da firma, o que ele nunca fez.
>
> – Não! Não! Tudo está certo. Naquela época, ele não assinava de outro modo e desenhava estes arabescos infantis debaixo de seu nome. A assinatura é verdadeira!

Dizendo isto, tirou da parede um quadro com um manuscrito e disse:

> – Pode ver. Aqui está a assinatura autêntica, a mesma que está reproduzida na ardósia.

E continua o redator:

> O tal manuscrito era um certificado que atestava ser a srta. Mary Nevins (nome da viúva em solteira) exímia pianista e estava assinado Edward Mac Dowell, com os mesmos arabescos debaixo do nome.
>
> Apesar disto a indiferença da sra. Mac Dowell por nossa mensagem musical permaneceu sem mudança alguma, o que me causou, confesso-o, o efeito de uma ducha fria. Nem ao menos quis tocar ao piano essa composição, nem tampouco quis controlar a autenticidade dos *compassos* que o espírito comunicante assegurava haver tomado de *empréstimo* de sua *Sonata Trágica*.

Tal foi o objetivo da investigação levada a cabo por nosso *Research Officer*, que julgou que esses resultados equivaliam a uma anulação da identificação pessoal de seu falecido amigo Mac Dowell e que, ao contrário, tudo fora um produto de sua mente, combinada com a de Fuller.

Persistiam esses fatos indubitavelmente supranormais – se não mesmo maravilhosos – que deram lugar à pretensa mistificação simbólica. Eles não podiam ser refutados e o seu relator o reconhece e o afirma pessoalmente, terminando com estas reflexões:

> Quando analisei os fatos à luz de minha nova experiência, eles adquiriram valor em vez de perdê-lo. Em tais condições, senti um princípio de arrependimento e certo dia eu disse a Fuller:
>
> – Sinto que devia perseverar nas minhas investigações. O amigo Edward com certeza espera a nossa volta.
>
> Se eu tivesse sido um pouco menos desconfiado sobre a verdadeira natureza das conversações-murmúrios, certamente teria prosseguido as minhas investigações, mas, ao contrário, não o fiz. Havia algo em mim que me impedia, criando uma insuperável barreira psicológica. Desejava sair convencido, mas este desejo nunca foi suficientemente forte para determinar a ação.

Foi desta maneira que o autor do livro terminou o seu relato do caso. No que me diz respeito, desde logo compreendi que a má vontade da viúva de

Mac Dowell, evidentemente hostil ao espiritismo, me autoriza a crer que as suas negativas não exprimiam a verdade inteira. Sem pensar que, além do mais, ela se recusou a controlar duas das circunstâncias fundamentais relativas a este complexo caso de identificação.

Por outro lado, porém, é preciso considerar esta outra circunstância, isto é, que a morte de Mac Dowell ocorreu depois de uma grave enfermidade mental (paralisia progressiva) que, nos últimos anos de sua vida, lhe havia alterado a memória e a razão. Nada mais natural, portanto, que, comunicando-se mediunicamente, quer dizer, voltando a entrar em contato com a vida terrestre graças aos fluidos vitais exteriorizados pela médium, tenha-se produzido o bem conhecido fenômeno dos espíritos comunicantes, que, manifestando-se por médiuns de incorporação ou por formação ectoplásmica, recuperam parcialmente as condições mentais em que se achavam durante a vida terrena. Ao caso em questão corresponde a época da perda da memória sofrida durante sua enfermidade. Daí a possibilidade de uma confusão de recordações, quando o defunto pretende ter remetido seu manuscrito ao editor Schubert, como se lê na seguinte passagem de um diálogo entre o defunto e narrador:

> – Caro Garland, há um estudo musical meu que confiei ao editor Schubert. Desejava recuperá-lo para remetê-lo a Schmidt. Minha esposa deve sabê-lo.

Depois disto, o comunicante, com ar de incerteza e de tristeza, acrescentou:

> Tive intenção de fazê-lo, mas teria mesmo conseguido sua devolução? Minha mente já estava então conturbada e não sei, não sei realmente se o recuperei.

O próprio comunicante duvidava, pois, de sua afirmativa.

Acrescentamos que esta incerteza do defunto confirma-se mais ainda pela outra circunstância de ter o *espírito-guia* intervindo certa vez para retificar uma afirmação errada do defunto, com relação à composição musical que ele próprio havia ditado. O *espírito-guia* sabia, pois, que o comunicante, devido à sua *imersão* na aura da médium, voltara a cair novamente nas condições de amnésia cerebral que sofrera durante a sua última enfermidade.

Quanto ao outro episódio dos *compassos* que, a título de prova de identidade, havia extraído de sua composição *Sonata Trágica*, nada se pode garantir, desde que a viúva se recusou a controlar o fato.

Esclarecido isto, parece-me que o muito interessante caso de identificação espírita do qual viemos tratando deve adquirir todo o valor demonstrado que incontestavelmente possui, malgrado a decepção desalentadora que produziu nos que o testemunharam.

Voltarei a este ponto nas minhas conclusões, mas antes convém que me dedique a esclarecer a natureza do ceticismo irredutível do autor do livro, narrando alguns incidentes eloquentes da mesma categoria.

Em outra vasta série de experiências em que era médium uma senhora idosa, amiga da família e dotada da faculdade de *voz direta*, pouco desenvolvida mas realmente mediúnica no verdadeiro sentido do termo, obteve Garland um considerável número de provas de identificação espírita em várias sessões que se relacionavam com o músico Fuller, que então já havia falecido. Fuller se lhe manifestara em várias sessões, fornecendo-lhe uma série particularmente sugestiva de pequenos incidentes de identificação pessoal que, sem serem provocados, surgiram das mesmas conversações com o velho amigo, através da *voz direta*.

Outro amigo do relator – o poeta Walt Whitman – manifestou-se, com o seu estilo característico, e fê-lo exclamar:

> Esta frase de Walt Whitman seria para mim mais que surpreendente se eu pudesse crer em sua presença real neste lugar.

Certa tarde se lhe manifestaram, um após outro, numerosos amigos que lhe eram muito queridos e, terminada a sessão, tornou a encontrar suas firmas autênticas, traçadas no caderno. O autor não deixou de responder à tentativa de convencê-lo, com esta declaração:

> Estas sessões são absurdas! Não posso acreditar na presença, aqui em meu escritório, de

> Fuller, William James, Conan Doyle e a sua, caminhando de quatro pés, a chiarem através de uma corneta de lata!

Um dos espíritos comunicantes replicou com indignação:

> – Mas quem lhe disse que nos arrastamos a quatro pés em seu estúdio? ao que lhe respondeu então o relator:
>
> – Pode-se então acreditar que vocês podem viver em um 'plano', que podem manter-se independentemente de um recinto? Assim penso devido ao modo pelo qual vocês se comportam. Esta encenação é ridícula e não posso levá-la a sério. Suas atitudes são inexplicáveis, inaceitáveis, sem significação alguma.

Foi quando William James tomou a palavra para explicar ao insolente cético, com toda a serenidade, *a razão da presença deles em seu escritório* e o nosso autor assim retorquiu:

> Apesar de tudo, não posso chegar a crer que Walt Whitman, Roosevelt e os demais amigos estejam aqui, combinados, para minha própria satisfação e a de minha família. Gostaria de acreditar mas não posso.

Outro amigo, chamado William V. Moody, manifestou-se em seguida, traçando sua própria firma pela *escrita direta*. A este respeito observou o autor:

> Essa firma era perfeita em suas mais insignificantes garatujas, mas é verdade que nenhum de nós a pedira e nem mesmo pensara nela. Apesar disto, manifestou-se deixando uma firma tão perfeita que o mais perito caixa de banco teria aceito como autêntica.

Finalmente se lhe manifestaram o pai e a mãe, porém, infelizmente, malogrados todos os esforços que fizeram, não conseguiram convencê-lo. É nos seguintes termos que ele descreve uma dessas piedosas tentativas:

> Depois disso a *corneta acústica*, lenta e docemente, veio aninhar-se em meus braços, como já o fizera em outra ocasião, e tive a impressão real da presença de meu visitante tímido e afetivo. Perguntei-lhe:
>
> – Será talvez novamente a minha mãe?
>
> O visitante respondeu afirmativamente, por meio de fracas pancadas na corneta. Acrescentei então:
>
> – Mamãe, dirija-se de preferência a Isabel (minha filha) e tente falar-lhe, pois ela compreenderá melhor suas palavras tão dolorosas!
>
> A corneta se levantou, aproximando-se de minha filha, quase a tocar-lhe na orelha. Os esforços se renovaram com dificuldade, mas continuaram impotentes para pronunciar as palavras. Eu a animava:
>
> – Vamos, vamos, mamãe! Pronuncia o nome de Isabel! e da corneta escapou um sussurro bem claro:

> Isabel!
>
> E, quando exclamei:
>
> Também o ouvi!, um suspiro entrecortado de lágrimas reprimidas saiu da corneta, como se minha mãe houvesse chorado de alegria. Foi então que escaparam de mim estas palavras:
>
> Ah! se eu pudesse acreditar neste murmúrio! Este instante fugitivo seria o maior acontecimento de minha vida! O murmúrio deste nome assumiria para mim um significado incomparavelmente superior ao de todas as pesquisas de Millikan sobre os raios cósmicos.

Esta última exclamação do nosso autor, tão sincera e tão cheia de pesar, basta por si mesma para tornar patente o estado d'alma de quem a expressou. Desejava, por todos os meios possíveis, convencer-se, mas se achava em completa impossibilidade de consegui-lo devido a sua mentalidade literalmente fechada à ideia da existência, no ser humano, de um espírito que sobrevivesse à morte de seu corpo.

No capítulo das conclusões, volta a todas as perplexidades de ordem experimental sobre as razões científicas e as especulações filosóficas que o levam à descrença. Quanto às perplexidades de ordem experimental que apresenta diante das provas de identificação pessoal dos defuntos, são elas tão pouco numerosas e tão fúteis que nem ao menos podem surpreender. Mais numerosas são as objeções de caráter científico e filosófico, que, segundo o autor, contrariam toda possibilidade de existência e de sobrevivência da alma humana. Estas, porém, também são fúteis, ingênuas ou absurdas. Como não são novas e são completamente indignas de discussão, abstenho-me de citá-las para não perder tempo, tanto mais que as abstrações filosóficas e a presunção pseudo-científica nada podem contra fatos reais.

De qualquer modo, repito o que disse no começo: o autor acha-se em seu pleno direito de exteriorizar, em consciência, suas dúvidas, suas perplexidades e seu ceticismo sobre a gênese dos fenômenos mediúnicos propriamente ditos – e muito mais por ter, antes de tudo, estudado a fundo o problema em questão. E mais direito lhe assiste ainda por ter sempre demonstrado respeito pelas opiniões alheias. Observo, por outro lado, que o livro, precisamente devido ao irredutível ceticismo teórico do autor, não deixa de ser bastante impressionante e eficaz sob o ponto de vista fenomenal e também espírita. Não é menos edificante sob o ponto de vista psicológico, com relação à gênese e elaboração das convicções, consideradas em suas relações com a influência perturbadora das prevenções sobre o correto exercício do raciocínio humano.

Quanto ao caso de identificação pessoal supracitado, noto que, se tivermos em conta as explicações dadas a propósito de ligeiros erros de memória cometidos pelo defunto, teremos de reconhecer que esses erros não apresentam nenhum valor teórico suscetível de neutralizar a interpretação espírita dos fatos, visto que, para provar a presença real do defunto comunicante *in loco*, somente três episódios, entre muitos outros, são suficientes.

Começo pelo relato em que o experimentador, sentindo-se fatigado, abandona-se sobre uma cadeira, retirando a mão que havia colocado em cima da mesa. A esse gesto rápido seguiu-se a voz ansiosa do defunto, que perguntou: "Onde está Garland? Não o vejo mais! Garland, onde você está?" Este respondeu: "Estou aqui" e tornou a colocar a mão sobre a mesa, penetrando assim mais uma vez na zona mediúnica perceptível para o espírito, que exclamou: "Agora vejo-o novamente. Não se retire mais". Esse incidente assombroso e não provocado revela a presença, no lugar, de um autêntico espírito de desencarnado que, não percebendo mais o amigo encarnado e não atinando com o motivo, pediu ansiosamente explicações a respeito.

Considero que o desenvolvimento espontâneo e autêntico do incidente provocado de maneira inesperada, por um gesto insignificante, em si, é evidente a todos. Se, todavia, alguém quiser atribuir o incidente a um embuste da personalidade mediúnica, farei notar, neste caso, que seria conceder-lhe um tal conhecimento da mediunidade que ela não ignoraria absolutamente o fato de que a retirada da mão de sobre a mesa provocaria o desaparecimento do experimentador da zona perceptível por um autêntico espírito. Pois bem, o conhecimento disto só o possui um muito limitado número de investigadores. Mas se – hipoteticamente – essa efêmera personalidade o tivesse sabido, teria ela deixado escapar uma ótima ocasião de perpetuar uma bela mistificação à custa de pobres imbecis? É isto verossímil? Não creio que a *credulidade dos incrédulos* possa chegar a estes caprichos extremos!

Apresso-me, não obstante, a conceder aos adversários o direito de dizer que, se o incidente exposto prova indiscutivelmente a presença espiritual de um defunto, por outro lado, não o identificaria, por si só. Convém, pois, que chame a atenção do leitor para dois fatos importantes – citados anteriormente – que por si sós bastariam para indicar quem era o espírito comunicante.

O primeiro diz respeito ao fenômeno complexo e maravilhoso da transcrição, por *escrita direta*, de uma magnífica composição musical, inédita e original, através de uma médium completamente desprovida de qualquer cultura musical e na presença, desde o início da sessão, de um só experimentador que se achava – ele também – nas mesmas condições de ignorância de música.

O segundo é a perfeita reprodução da firma do defunto, *não a que ele usava durante o período em que o relator o havia conhecido*, mas sim uma firma da época de sua juventude. O espírito comunicante acreditava, evidentemente, ter fornecido uma prova de identificação pessoal, que, porém, não foi aceita pela interpretação sofística baseada na *leitura do subconsciente* das pessoas presentes.

Parece-me que os três supracitados incidentes são suficientes para provar a minha afirmativa. Abstenho-me, para ser breve, de citar outros, não obstante haver uma dúzia deles nos relatos em questão. Termino afirmando que, apesar da opinião contrária do relator, o caso exposto merece ser classificado entre os melhores fatos de identificação pessoal de defuntos comunicantes.

II. Importante Caso de Identificação Espírita

O caso que me disponho a narrar é muito conhecido na Itália, não só em virtude da situação eminente da pessoa que foi seu protagonista como pela evidência incontestável da documentação que o confirma. Finalmente, um padre jesuíta, pouco escrupuloso, contribuiu involuntariamente para atrair sobre este caso a atenção pública, tentando destruí-lo pela arma pouco evangélica das insinuações caluniosas, provocando assim uma polêmica que se voltou contra ele próprio.

Trata-se de um acontecimento relatado pelo sr. Ferdinando de Rio, autor de notáveis obras sobre o ocultismo filosófico e diretor da revista de estudos psíquicos e espíritas *Il Mistero*, publicada em Milão. Ele já incluíra uma narrativa do caso em questão em seu *livro Il ciclo progressivo delle esistenze*, porém voltou ao assunto, com maior número de pormenores, no número de setembro de 1933 daquela revista, de onde extraio o relato que se segue.

A narrativa do sr. Ferdinando de Rio é a seguinte:

> O fenômeno mediúnico em apreço verificou-se a 3 de março de 1901. Achava-me em Paris há um ano aproximadamente. Ali fora por ocasião da Exposição Internacional de 1900, na qualidade de correspondente de *El Fígaro*, de Buenos Aires.
>
> O sr. Giuseppe Borgazzi viajara da América do Sul a Paris em minha companhia. Na minha casa e sob a minha direção, uma faculdade mediúnica, até então ignorada, se manifestara nele de repente e, em alguns meses, atingira uma rara perfeição sob a forma de *escrita mecânica*, em estado de transe completo. Isso me auxiliava a continuação de meus estudos metapsíquicos de natureza experimental, que eu começara já há muitos anos, na América Meridional. Consagrava-me mais especialmente às pesquisas de penetração científica e filosófica.
>
> De tempos em tempos, como para reforçar a minha profunda convicção na continuação individual da vida após a morte terrena, sob uma forma diferente, eu espontaneamente recebia mensagens, de natureza a provar a identidade das personalidades mediúnicas que se comunicavam. Tais provas nunca foram falsas, mas eu não

me servia delas senão para formar um arquivo de documentos preciosos, para meu próprio uso.

Ora, na noite de 1º de março de 1901, interrompendo subitamente as respostas às habituais perguntas de natureza teórica, o médium escreveu:

"Em face de minha nova existência, tudo desaparece: rancores, ódios e cóleras da vida terrena. Abandono tudo e limito-me a invocar a clemência de Deus para meus inimigos e para todos aqueles que me tornaram amarga a vida na Terra.

"Sois as únicas pessoas com as quais pude relacionar-me após meu falecimento. Penosamente impressionado por meu novo estado, suplico-vos que não me abandoneis no meu desejo de reabilitação.

"É-me permitido comunicar-me convosco e deveis encarregar-vos do cumprimento de uma vontade que manifestei ainda na vida terrena mas que meus herdeiros desprezaram."

Seguia-se a indicação de sua última vontade não executada, de natureza familiar, a qual, por motivos delicados, devo omitir aqui. Perguntei-lhe:

– Vosso desejo ficou expresso em testamento?

– Não – foi-me respondido. Ele foi expresso à única pessoa presente.

Como eu o convidasse a precisar os nomes e os dados necessários, a entidade acrescentou:

"Sou Vicenzo Reggio, ex-presidente da Corte de Apelação, falecido em Gênova a 27 de outubro de 1900, às 6h30 da manhã. Meu domicílio estava situado em Corso Paganini nº 16. Meu irmão é Tommazo Reggio, arcebispo de Gênova. Escrevei-lhe. Adeus!"

Escrevi ao arcebispo a seguinte carta:

"Paris, 3 de março de 1901

"Monsenhor Tommazo Reggio, arcebispo de Gênova.

"Rogo a V. Exa. que me perdoe a liberdade de escrever-lhe. Eis o que me leva à sua presença:

"Cultivo seriamente e com ponderação a ciência que se propõe a examinar os mistérios da continuação da vida da alma individual em outras existências, após a morte do corpo, ou melhor, depois da destruição do corpo terreno. Entre as minhas experiências de penetração no invisível, aconteceu-me muitas vezes receber, de personalidades desconhecidas, pedidos de comunicações destinadas a pessoas vivas que me são igualmente desconhecidas.

"Um desses pedidos me foi feito na noite de 2 de março corrente, por uma individualidade que afirmou ser Vicenzo Reggio, ex Presidente da Corte de Apelação, irmão de Tommazo Reggio, arcebispo de Gênova. Esta entidade diz ter falecido em Gênova a 27 de outubro de 1900, em Corso Paganini nº 16, às 6,30 h da manhã. Ela acrescenta que V. Exa. foi a única pessoa presente no momento de sua morte e que então lhe manifestara uma vontade imposta pela consciência mas não indicada em seu testamento. Ora, queixa-se ela agora de que esta sua vontade extrema não foi executada.

"Limito-me, por prudência e por uma reserva facilmente compreensível, a fornecer a V. Exa. as primeiras indicações do fato. Silencio, por enquanto, com relação ao resto da comunicação, que lhe transmitirei quando V. Exa. me houver declarado que os dados por mim fornecidos são exatos e que deseja conhecer o resto da mensagem.

"Minha fé não é cega. Desejo passar tudo pelo crivo da verdade, pois que minha alma não se alimenta de ilusões em suas pesquisas, mas sim de verdades positivas.

"Tenho, por este fato, um interesse extraordinário, dependente como ele está da confirmação de uma personalidade eminente e especial como V. Exa.

"Faço empenho em acrescentar que me comprometo sob palavra de honra a jamais revelar a quem quer que seja o objeto da dita comunicação. Quanto ao fenômeno probante, não o farei conhecer senão quando V. Exa. mo permitir.

"Queira V. Exa. aceitar etc."

O arcebispo Tommazo Reggio respondeu imediatamente, com uma carta registrada e datada de 7 de março de 1901. Em *Il Mistero*, reproduzi em fotografia a carta autógrafa, assim como o envelope, com os selos da época e o carimbo da agência postal de Gênova, com dia, mês e ano.

"Eis a carta do arcebispo Reggio:

"Senhor,

"Sua carta me causou um sentimento de surpresa e de curiosidade ao mesmo tempo.

Agradeço-lhe vivamente a comunicação que V. Sa. me enviou. Os dados indicados são exatos. Com todo gosto receberei a outra carta que me foi prometida e que deve conter importantes palavras ditadas por meu pobre irmão. Desejaria também saber, se possível, como o espírito foi evocado ou como ele se manifestou sem ser evocado.

"Eis uma coisa que, como bem disse V. Sa. em sua carta, me interessa vivamente. Assim como de tão boa vontade V. Sa. me escreveu, rogo-lhe complete o que foi iniciado, comunicando-me todas as outras informações que possui a este respeito.

"Agradecendo-lhe antecipadamente etc.

"Tommazo, Arcebispo

Respondi à carta do arcebispo, transmitindo-lhe a comunicação de seu falecido irmão.

Não recebi outras cartas suas, mas, em compensação, recebi do espírito de Vicenzo Reggio mais a seguinte comunicação:

"Meu irmão, reconhecendo sua falta ou inspirado pelo vosso espírito protetor, remediou o mal que causou. Sinto-me feliz com esta intervenção superior. Deste modo tranquilizado, posso prosseguir em meu caminho para o aperfeiçoamento espiritual.

"Tive discussões sobre o espiritismo com esse meu irmão sacerdote. Nós admitíamos esta doutrina em seu conjunto, porém jamais quisemos estudá-la a fundo. Se ele me atendesse, eu o encaminharia agora, de um modo seguro, para o verdadeiro caminho religioso e assim poderia abrir no meio católico um debate interessante,

"Conheço atualmente a diferença existente entre a justiça do mundo em que me acho e aquela à qual estamos sujeitos quando na Terra. Conheço agora os numerosos erros nos quais caímos sob a égide do código penal. Gostaria agora de empreender a reforma que se impõe para a legalidade e a justiça.

"Vivi longamente no meio judiciário, respeitei profundamente a moralidade que me era imposta pelas leis, mas presentemente reconheço os seus defeitos.

"A legislação e o clero: eis as instituições que é preciso reformar."

Tais são os fatos. Chegamos à análise das comunicações positivas que eles comportam. Os três pontos principais do problema são os seguintes:

1. Assim como o médium, não tenho nenhum conhecimento da existência terrena do comunicante, de seu irmão arcebispo, nem dos dados precisos relativos à morte da personalidade que se comunica.

2. O morto vem comunicar-nos um fato que não consta de qualquer documento público, isto é, que seu irmão era a única pessoa presente no momento de sua morte.

3. O morto nos revela um segredo que ele era o único a conhecer, além de seu irmão.

Relativamente ao primeiro ponto, a hipercrítica poderia objetar que o médium ou mesmo eu podíamos ter tido conhecimento, de uma forma qualquer, do conjunto dos dados referentes ou às duas personalidades em apreço ou ao falecimento da pessoa que se comunicava, pois esta última notícia fora publicada nos jornais.

No que diz respeito ao segundo ponto, pode-se objetar que o arcebispo de Gênova, a única pessoa presente à morte de seu irmão, era conhecido do público.

O terceiro ponto, porém, é formidável: ele não apresenta nenhum lado fraco aos ataques da crítica.

Trata-se aí *de um segredo encerrado no círculo de um morto e de um vivo*. Há o simples fato *de um pedido que, feito no momento da morte e não executado*, o defunto vem recordar.

Este fato secreto é indiscutivelmente confirmado pelo precioso documento que constitui a carta do arcebispo de Gênova. Este, desprezando todas as conveniências que lhe impunha a sua situação delicada, arrastado pela natureza extraordinária da revelação, é levado a responder de um modo fulminante, para libertar a sua consciência como por um ato de contrição: 'É verdade!'

Que prova mais decisiva da sobrevivência do *eu* pode ser imaginada?

Aqui termina o relato do sr. Ferdinando de Rio. A propósito das considerações que o acompanham, observarei inicialmente que o narrador, com um fito de severa investigação científica, escreve que os dois primeiros pontos principais do caso em questão se prestam a uma objeção legítima. Ele reconhece que o médium e o experimentador podiam conhecer o conjunto dos informes fornecidos mediunicamente a respeito dos irmãos Reggio, inclusive o pormenor muito particular de o arcebispo ter sido a única pessoa presente à cabeceira do moribundo.

Se eu assinalo esta circunstância é para observar, por minha vez, que o sr. de Rio quis, imparcialmente, levar em consideração a possibilidade em questão, mas que ela é praticamente insustentável, sobretudo tendo em vista esclarecimentos suplementares que eu pude obter a respeito. Tinha, com efeito, pedido ao sr. de Rio que me fornecesse informes mais minuciosos sobre a sua pessoa e a do médium, fazendo-me saber se pelo menos um dentre eles era genovês, se residiam há muito em Buenos Aires (Argentina) e se, durante a sua permanência em Paris (França) e antes do acontecimento que relata, um ou outro teriam vindo à Itália e ficado certo tempo em Gênova.

Eis a resposta do sr. de Rio:

> Não sou genovês, bem como o sr. Borgazzi. Ele é de Ferrara, ao passo que sou do Piemonte.
>
> Vim para Buenos Aires em 1894. Creio que o sr. Borgazzi já se encontrava aqui. Conheci-o em 1898, mas as nossas relações foram então inteiramente superficiais.
>
> Estive em Paris em 1900, como correspondente do jornal *El Fígaro*, de Buenos Aires. Ali

> encontrei o sr. Borgazzi, que quase na mesma época chegara da Argentina. Nossas relações se tornaram então mais assíduas e vivíamos muito ligados um ao outro.
>
> Depois de alguns meses, no decurso dos quais nossas conversas sobre o espiritismo e a mediunidade se haviam tornado frequentes (o sr. Borgazzi era totalmente materialista), a faculdade mediúnica apareceu repentinamente nele, após algumas tentativas de sessões. Cultivei-a regular e metodicamente todas as noites e ela surgiu sob a forma da escrita mecânica, a mais convincente, e me deu resultados de primeira ordem. Nenhum de nós deixou Paris. A comunicação de Vicenzo Reggio produziu-se subitamente, sem ter sido provocada.

Resulta destes informes que, se os protagonistas do caso não eram genoveses, dificilmente poderia interessar-lhes a crônica demográfica de uma cidade onde nunca viveram. Se eles se encontravam em Buenos Aires há seis ou sete anos, esta suposição se torna cada vez mais insustentável. Por outro lado, durante a sua permanência em Paris, eles nunca foram à Itália.

Diante da eloquência cumulativa destes dados, deve-se eliminar toda possibilidade de os srs. De Rio e Borgazzi terem sido informados, em Paris, das particularidades da morte e dos negócios pessoais de um velho magistrado genovês aposentado, falecido havia cinco meses e que lhes era desconhecido. O fato, muito particular, de o arcebispo ter permanecido só à cabeceira de seu irmão moribundo era, além disto, de tal natureza que eles não podiam conhecê-lo por documentos públicos, mas somente por intermédio de alguma pessoa da família do defunto. Ora, eles ignoravam até a existência deste.

Nenhuma dúvida há de que estas considerações bastam para conferir um idêntico valor probatório às duas proposições das quais o sr. de Rio não faz grande caso, por um louvável escrúpulo de imparcialidade científica. De qualquer modo, trata-se de duas proposições que não são indispensáveis para encarecer, sob o ponto de vista espiritualista, o caso em questão. Há, com efeito, uma terceira que basta, por si só, para demonstrar fortemente a origem espiritual do caso.

Como se pôde ver, o sr. de Rio a formula nos seguintes termos:

> O terceiro ponto, porém, é formidável: ele não apresenta nenhum lado fraco aos ataques da crítica.
>
> Trata-se aí *de um segredo encerrado no círculo de um morto e de um vivo*. Há o simples fato *de um pedido que, feito no momento da morte e não executado*, o defunto vem recordar.

Este último ponto, muito importante, foi posteriormente esclarecido – tanto quanto possível – devido a uma polêmica com um jesuíta muito conhecido na Itália – o padre Petazzi. Este, não podendo contestar a autenticidade do caso em questão, por causa da carta assinada e reproduzida em clichê pelo sr. de Rio, mas decidido, não obstante, a demoli-lo apesar de tudo, nada de melhor achou para fazê-lo do que lançar esta insinuação: que, fingindo defender a causa do espiritismo, o narrador se empenhara em um estratagema destinado a favorecer algum herdeiro descontente.

O sr. de Rio respondeu vigorosamente à baixa insinuação do padre Petazzi, observando, entre outras coisas,

> (...) que a revelação dizia respeito unicamente a um ato de justiça e piedade, destinado a aliviar o morto de uma responsabilidade de consciência de que se sobrecarregara durante a sua vida terrena. Não que se relacionasse com uma extorsão de dinheiro.

Eis, aliás, uma outra passagem da polêmica em questão que permite compreender quão sério era o ato de justiça e de consciência que o irmão arcebispo desdenhara cumprir. O sr. de Rio, dirigindo-se ao padre Petazzi, escreve:

> Em lugar de louvar minha delicadeza com relação a um prelado a quem minha revelação teria comprometido gravemente aos olhos do mundo católico, provocando um escândalo, quereis fazer disto uma arma contra a autenticidade do fenômeno. Pobre sofisma o vosso, que de

> modo algum empana a realidade grandiosa do fato, mas que serve, ao contrário, para revelar o substrato de vossa caridade evangélica. Em certo momento, recebi dessa alma excelente que foi monsenhor Reggio um comovido agradecimento e isto me bastou. Não posso acrescentar outra coisa, devido à promessa que fiz a monsenhor Reggio. Eu nem teria dito o que acabo de dizer se não tivesse sido forçado a isto pelo pouco cortês padre Petazzi, que não hesita em *homenagear* seu augusto superior com o título de ingênuo... e herético. Mas, diga ele o que quiser, monsenhor Reggio era um crente sincero do espiritismo.

Sobre este último ponto da questão, minha posição é confirmar a asserção do sr. Ferdinando de Rio. Com efeito, na época em que se produziu o fato que relata, havia em Gênova o Círculo Científico Minerva, graças ao qual toda a imprensa genovesa – e em parte também a de toda a Itália – fora confundida pelas impressionantes experiências que ali se desenrolavam com a médium Eusápia Paladino, assistidas pelos professores Enrico Morselli, Francesco Porro, pelo doutor Giuseppe Venzano, pelo sr. Luigi Arnaldo Vassalo, diretor do *Século XIX*, e pelo autor deste trabalho. Ora, naquela ocasião, conheci pessoalmente o arcebispo Reggio, que se interessava vivamente por nossas experiências e desejava conhecê-las um pouco mais do que narravam os jornais.

Em suma, do que precede verifica-se que um segredo de consciência, revelado durante uma sessão mediúnica em Paris por uma pessoa falecida em Gênova, não era conhecido senão por uma pessoa. O morto que se comunicara, assim como o vivo, depositário do segredo, eram ignorados pelo médium e pelo experimentador. Esta última circunstância é teoricamente muito importante, pois serve até para eliminar uma hipótese fantástica a que recorrem os nossos irredutíveis adversários, quando ficam isolados em suas últimas posições. Segundo esta hipótese, a subconsciência do médium teria captado o segredo na subconsciência do arcebispo e disto ter-se-ia utilizado para mistificar o próximo.

Acontece que essa amplificação desnecessária da hipótese telepática – tão absurda em si mesma que se torna impossível aceitá-la – não pode ser aplicada ao caso do qual nos ocupamos. Efetivamente, nenhuma relação de conhecimento pessoal, nem por carta, existia entre o arcebispo e o médium ou entre o experimentador e o arcebispo. Consequentemente, na falta da *relação psíquica* indispensável, não poderia haver uma permuta de comunicações entre duas subconsciências que se ignoravam mutuamente, do mesmo modo que na telegrafia sem fio não pode haver comunicações entre a estação agente e a receptora, se não houve primeiro uma sintonização de comprimento das ondas.

Relativamente às causas que determinam essa lei psicofísica, sem exceção no domínio das pesquisas psíquicas, já as discuti longamente e de um modo decisivo em um trabalho anterior.[1] Inútil é

[1] Nota do tradutor: Trata-se de Telepatia, telemnesia e a lei da relação psíquica.

insistir em uma verdade que, de agora em diante, pode ser considerada como adquirida em metapsíquica e que é reconhecida por todos os que possuem uma cultura suficiente sobre o assunto.

Segue-se que o episódio em questão acrescenta-se a outros casos de identificação espírita, cientificamente inacatáveis, que se acumulam em grande número nos arquivos da nova ciência da alma, sendo que cada um deles, por si só, bastaria para resolver afirmativamente o problema da sobrevivência humana. Por consequência, esta solução afirmativa do grande problema deveria tomar lugar entre as verdades cósmicas mais sólidas, demonstradas experimentalmente graças às investigações científicas.

Poder-se-ia indubitavelmente observar que, se isto é teoricamente verdadeiro, apresentam-se as coisas de um modo muito diferente do ponto de vista prático. Basta considerar que há pesquisadores que conhecem, ou conheceram, a maior parte dos casos relatados e que, entretanto, permanecem negadores irredutíveis ou eternos céticos, entregues à dúvida. Isto é incontestável e depende de uma lei psicológica de alcance universal, lei normal e benéfica porque regula a evolução das grandes ideias. Ela impede que estas, impondo-se muito rapidamente na sociedade humana, possam causar desordens profundas ou cataclismos econômicos e morais, muito perigosos no conjunto das instituições sociais da época atual.

Esta lei consiste no fato de que tanto a mentalidade de um indivíduo como a de uma coletividade humana, quando se desenvolveram longamente em um meio de ensinos religiosos, científicos e filosóficos orientados em certa direção, não estão mais em situação de assimilar as novas verdades que se opõem ao que se acha solidamente organizado em suas circunvoluções cerebrais. Nestas condições, apenas as mentalidades de primeira ordem e aqueles que, na coletividade, não tiveram ocasião de experimentar pressões demasiadamente fortes e prolongadas neste sentido são capazes de se desembaraçar do misoneísmo que os domina.

Eis porque no domínio das pesquisas psíquicas se renova o que sempre acontece em qualquer outro ramo do saber, isto é, assiste-se ao triste espetáculo de um grande número de pesquisadores que, mesmo quando estão favoravelmente dispostos a aceitar a interpretação espírita dos fenômenos mediúnicos de uma categoria superior e embora atravessando fases de convicção sincera neste sentido, recaem infalivelmente na perplexidade anterior. Eles continuam, durante toda a sua vida, a comportar-se da mesma maneira, passando de um caso a outro, de uma prova a outra, esquecendo tudo, sem entesourar coisa alguma e, por conseguinte, caminhando sempre no vácuo.

Infelizmente esse fenômeno psicológico não se dá só em leitores apressados e superficiais, desprovidos de senso filosófico, mas também em toda classe de leitores e investigadores, mesmo entre os mais eminentes metapsiquistas. Ele dá-se com uma tal frequência, uma tal uniformidade, que é preciso concluir que se trata de uma lei psicológica inerente à mentalidade humana. Essa lei, embora tendo sua razão de existir e, no fundo, sendo útil à evolução ordenada do progresso humano, deve entretanto ser encarada como uma imperfeição inata da razão humana: imperfeição das faculdades de síntese porque, quando a inteligência está saturada de ideias preconcebidas, não consegue mais manter, frente à consciência, todos os elementos que, embora conhecidos do indivíduo, se relacionam com um assunto contrário àquelas ideias preconcebidas que nele predominavam. Segue-se que a eficácia irresistível das provas cumulativas é deploravelmente suprimida.

Com efeito, os caminhos cerebrais, tornados intransponíveis para as verdades contrárias, forçam o pensador a esquecer constante, sucessiva e rapidamente todos os episódios que ele não pode assimilar. Conserva-se, pelo contrário, perpetuamente, a recordação de todas as perplexidades de um interesse secundário, mas revestem-se, para a pessoa em questão, de aspectos monstruosos. Os que se acham nestas condições mentais quase sempre fazem induções e deduções muito parciais, passando de uma pseudoconclusão a outra que não o é menos.

Nestas condições, não há outro remédio senão a resignação ao inelutável, refletindo que, se tudo isto é em suma providencial e necessário, um dia, fatalmente, a obra do tempo amadurecerá na coletividade humana a disposição psíquica especial que deve tornar assimilável esta última grande verdade nova. Presentemente, esta verdade é combatida por ideias filosóficas, científicas e religiosas, preconcebidas mas solidamente organizadas mesmo nos espíritos mais cultos e mais inteligentes da humanidade civilizada.

III. Outro Importante Caso de Identificação Espírita

Nestes últimos anos verificaram-se alguns casos de identificação de mortos que de tal modo se mostraram excepcionais por suas complexidades que não encontram exemplos que se lhes igualem em toda a casuística metapsíquica. Assim sendo, devemos presumir que eles tivessem, sobretudo, causado um legítimo e vivíssimo interesse, especialmente entre os dirigentes das grandes associações metapsíquicas, e tivessem dado lugar a profundos e fecundos trabalhos analíticos, com grande aproveitamento da nova ciência da alma. Muito ao contrário, porém, os maiores críticos dessas associações não lhes deram crédito ou desvencilharam-se deles com uma simples meia página de prosa inconcludente. Consequentemente, a sombra do esquecimento envolveu os documentos, preciosos para a pesquisa das causas determinantes das manifestações supranormais.

Como explicar-se tão curiosa inversão dos métodos científicos? Por quais estranhas idiossincrasias do raciocínio se verificou semelhante fato? Responderei com palavras de um membro da American Society for Psychical Research que acabava de publicar alguns casos menos importantes, embora irrefutáveis, no que diz respeito ao gênero examinado, mas que também caíram no esquecimento, pois ninguém os levou em consideração. Observa ele:

> Talvez fossem muito solidamente constituídos para serem triturados pelos críticos sistemáticos. De fato, curioso observar que somente os casos que se aproximam do criticismo adversário é que adquirem proeminência aos olhos dos leitores das grandes revistas metapsíquicas. Perfeitos, eles excluem qualquer controvérsia, diluindo-se à vista de todos, porque, consequentemente, os maiorais da crítica científica se desinteressam dos casos de tal natureza, que, regularmente, acabam sendo sepultados nos arquivos de nossas sociedades metapsíquicas. A consulta a esses arquivos é sempre difícil e rara, salvo por poucos tenazes e perseverantes pesquisadores (*Psychic Research*, 1930, p. 493).

Precisamente assim, este é o melancólico destino que aguarda os casos de identificação espírita que ousam parecer invulneráveis. Deduz-se que não poderia deixar de acontecer o mesmo àqueles aqui considerados.

Colocando as coisas nestes termos, antes de referir o novo caso congênere, descoberto recentemente, resolvi lembrar aos leitores alguns outros que o precederam e sobre os quais nada ou bem pouco se disse nas revistas metapsíquicas mais categorizadas, o que se deve aos motivos psicológicos já indicados.

Inicio com o notável caso do falecido escritor inglês Oscar Wilde, por mim longamente analisado nos números de outubro e novembro de 1925 de *Luce e Ombra*, caso esse que se deu por intermédio da notável médium Esther Dowden. Nele foram fornecidas todas as provas cumulativas que razoavelmente temos o direito de exigir.[2]

Começou-se pelo conhecimento de numerosos incidentes pessoais, ignorados por todos os presentes e comprovadamente verídicos; passou-se à memorável prova da identificação caligráfica, que não se limitou à transcrição de uma simples assinatura (o que sempre poder-se-ia atribuir a um fenômeno de criptomnésia), mas foi impecavelmente confirmada por centenas e centenas de páginas. Depois, passou-se a outra prova ainda mais importante: a da identificação do estilo, ou melhor, dos dois estilos que caracterizavam a personalidade do falecido. Em continuação a esta última, mais conclusiva do que qualquer outra, seguiu-se o reconhecimento das características do estilo, da personalidade inte-

[2] Nota da Editora: Este caso será mais profundamente analisado no capítulo V desta obra, com o título "Surpreendente caso de identificação espírita".

lectual e moral do falecido em cada uma das modalidades de seu caráter, visto ser ele um indivíduo complexo, original e inimitável. Enfim, chegou-se à grande prova final, que consistiu em ditar à médium uma comédia inteira, onde refulgem todas as suas qualidades de burilador de frases e de artista enamorado das palavras e também, sobretudo, onde está refletido seu temperamento de escritor dramático, com todas as qualidades e defeitos que lhe são próprios, assim como a cenografia antiquada de há meio século.

Lembro um segundo caso idêntico, sobre o qual a srta. Nea Walker, integrante da Society for Psychical Research de Londres, escreveu um grosso volume intitulado *The bridge: a case for survival*. Nele, a identificação pessoal do falecido, que se esforçava em provar sua presença espiritual à mulher amada, desenvolveu-se através de diversos médiuns e os numerosos informes verídicos fornecidos assumem um valor cumulativo irresistível. O caso, pelas circunstâncias afetivamente piedosas em que se desenvolveu, vem a ser demasiadamente interessante e comovente.

Do ponto de vista científico, são teoricamente notáveis algumas discordâncias em que falha a entidade comunicante quanto a particularidades secundárias com respeito a descrições de ambiente e lembranças afetivas. Essas discordâncias se transformaram em provas eloquentes e eficazes na demonstração da presença espiritual do falecido, quando em vida, e isto, sobretudo, vale para excluir qualquer forma de telepatia, criptomnésia, criptestesia, clarividência no passado e no presente, ao passo que se mostram naturais e também racionais desde que o comunicante tenha sido o morto.

Recordo ainda um terceiro caso, mais extraordinário ainda – se tal se pode afirmar na presença de casos igualmente excepcionais –, com o título de "*The spirit return of mr. Hacking*", também por mim largamente analisado nos números de fevereiro e março de 1927 da *Revue Spirite*, de Paris.[3]

O caso se desenrolou em uma longa série de experiências com rigorosos métodos de controle. O espírito comunicante, que tinha falecido há quarenta anos, narrou a sua própria estória e também fez comentários a respeito de numerosíssimas pessoas por ele conhecidas em vida, fornecendo minuciosíssimos detalhes que, na maior parte, foram controlados, alcançando a enorme cifra de mais de trezentas provas consideradas verídicas. Acrescente-se que ele chegou a se manifestar à médium pela clarividência, vestido da maneira original como costumava fazer em vida. Essa visão tornou-se admiravelmente verídica, tanto pela roupa usada pelo fantasma, quanto por seu aspecto pessoal, incluindo-se aqui o detalhe de uma perna notavelmente arqueada e o de um característico guarda-chuva que levava constantemente com ele.

Como o caso do falecido sr. Hacking reveste-se de um valor teórico literalmente resolutivo para aqueles que não têm a mente ofuscada por preconceitos de escola vale a pena abrir um parêntese com

[3] Nota da Editora: Este caso é o tema do capítulo IV da presente obra: "Extraordinário caso de identificação espírita".

o fim de notar com que desenvoltura os adversários da hipótese espírita se afastaram e se desinteressaram dele.

Como o prof. Soal teve a oportunidade de tratar de um outro caso análogo (*Proceedings of the "Society for Psychical Research"*, vol. XXXVII, p. 358), estabelece um confronto com o caso Hacking e assim escreve:

> O caso de que me ocupo teve um curioso precedente no caso Hacking, acontecido há alguns anos atrás. Nesta última circunstância, a simples visita de um ministro wesleyano à cidade de Bury e, pouco tempo após, a sua participação em uma sessão mediúnica, parece terem sido a causa que originou, em uma médium em transe, um manancial inesgotável de informações verídicas sobre comerciantes e outros cidadãos há muito falecidos, mas todos residentes no distrito em que vivera o sr. Hacking meio século antes. Neste caso, o vínculo entre o grupo experimental e a assim chamada *inteligência comunicante* parece ter sido dos mais estreitos: na verdade, o simples fato de uma pessoa pertencente a esse grupo ser levada à cidade de Bury bastou para provocar um derrame de informações verídicas.

Assim falou o prof. Soal e com isto pensa candidamente ter elucidado o mistério. Observo, antes de mais nada, que ele deveria reunir uma enorme quantidade de detalhes variadíssimos, fornecidos pela entidade comunicante, não os constituídos de informações desconexas em relação ao antigo ambiente e aos habitantes da cidade de Bury, já mortos, mas sem aqueles incidentes e recordações que se reuniam e se organizavam em torno da existência terrena do morto comunicante. Isto posto, observo que, em se querendo atribuir um tal prodígio de perfeitas rememorizações das vivências pessoais e do ambiente em que estivera um obscuro personagem desconhecido de todos (e esse ambiente, totalmente mudado após meio século de transformações arquitetônicas), é o mesmo que querer-se atribuir tudo isto a um indivíduo que pela primeira vez havia estado numa certa cidade e assistira, alguns dias após, a uma sessão mediúnica. Isso, aliás, representa uma prova edificante e altamente instrutiva em testemunho das pseudo-explicações totalmente sem sentido a que se apegam beatamente os opositores das hipóteses espíritas.

Assim, reargumentando, observo que o caso que me proponho a relatar é, em grande parte, semelhante ao caso do sr. Hacking, uma vez que a entidade comunicante se referiu a mais de trezentas informações verídicas pertencentes não só à própria existência terrena mas também à de pessoas suas conhecidas em vida. Essas informações, à guisa daquelas fornecidas pelo finado sr. Hacking, não provinham sempre das recordações pessoais da própria entidade, já que esta última recorria às vezes a outras entidades de mortos seus conhecidos em vida, junto às quais melhor poderia conseguir a desejada intenção de provar à irmã a própria presença espiritual no local. É preciso convir que este engenhoso expediente concorre, de uma forma admirável, para outorgar eficácia irresistível ao sentido espiritualista desta série de experiências, já que se compreende que, comportando-se assim, a entidade comunicante, transmitia pela médium, às vezes, informações que a irmã viva desconhecia, deixando-a em grandes dificuldades para apurar sua autenticidade. Em tais contingências, porém, a irmã defunta facilitava as pesquisas, indicando as pessoas às quais deveria dirigir-se a irmã viva para encontrar a solução, de modo que pudesse controlar a maior parte das informações fornecidas.

Além disto, observo que, neste último caso – como já no de Oscar Wilde –, revela-se o detalhe de que a morta, entre uma comunicação e outra, transmitia informações a respeito de sua própria existência espiritual que concordavam plenamente com as transmitidas por um grande número de personalidades já mortas. Não é que não veja como a circunstância das chamadas *revelações transcendentais*, interpoladas inextricavelmente entre os informes pessoais e verídicos atinentes à existência terrena da entidade comunicante, mostra que as duas séries complementares de informações não podem ser separadas e, em consequência, deve-se logicamente concluir que as informações pessoais fornecidas devem ser acolhidas como boas provas em favor da interpretação espírita dos fatos. Devese reconhecer, então, a origem também espírita das informações fornecidas pela mesma entidade, no que se refere ao ambiente espiritual que a acolhia. Em outras palavras: ou deve-se reconhecer a origem supranormal de ambas as séries em questão, ou ambas devem conter mistificações do subconsciente. Querer manter uma por supranormal e outra por subconsciente seria ilógico, e mesmo absurdo. Mas isto discutiremos oportunamente.

Voltando ao caso aqui considerado, noto que o material dos fatos é de tal maneira abundante que foi necessário um livro para reuni-lo. Trata-se de *The consoling angel* (*The case of Hattie Jordan*), da autoria do músico Florizel von Reuter, célebre no mundo das artes como violinista virtuose. Ele, juntamente com sua mãe, ocupa-se há muitos anos das pesquisas psíquicas e ambos são médiuns escreventes comparáveis com os melhores que existem atualmente. Havia publicado antes um grosso volume, intitulado *Psychical experiences of a musician*, onde relata uma longa série de experiências pessoais com diversos médiuns e onde, sobretudo, expõe os notáveis resultados obtidos consigo e com sua progenitora graças à mediunidade escrevente que, no caso deles, se obtinha mediante um pequeno instrumento chamado *aditor*, que nada mais é do que uma variedade aperfeiçoada do *quadro alfabético, com ponteiro móvel*. Obtiveram, entre outros, casos de identificação espírita notabilíssimos, com numerosos incidentes de xenoglossia, em línguas russa, polaca, turca e persa. Mas, conquanto os casos em questão se mostrem por si sós importantes, não possuem características que os distingam de numerosos outros do gênero. Para este último, porém, não se pode fazer tal afirmação, pois ele está entre os de ordem excepcional, tanto pelo número de informações verídicas fornecidas pela entidade comunicante, quanto pela excelência das provas de identificação que dele derivam. Esses casos, considerados cumulativamente, assumem um valor teórico resolutivo para a ciência espiritualista.

Sir Conan Doyle fez um breve prefácio para o livro e dele extraio as seguintes informações, indispensáveis ao conhecimento do tema:

> Para o caso, aqui considerado, de Hattie Jordan, deve-se reconhecer que, na história das pesquisas psíquicas, se incluem bem poucos casos em que existem tantas informações pessoais minuciosas, variadas e verídicas na demonstração da sobrevivência de um defunto comunicante.
>
> Hattie Jordan havia falecido em Pasadena, na Califórnia, onde vivia com a sua irmã Florence. Um grande e recíproco afeto ligava as duas irmãs. Nem uma nem outra haviam-se jamais ocupado de espiritualismo e não possuíam conhecimento algum sobre a matéria.
>
> A médium, sra. von Reuter, conheceu-as na infância, mas havia mais de trinta anos que mantinha bem poucas relações com elas e, praticamente, nada sabia a respeito dos seus familiares, amigos e conhecidos.
>
> Quando da morte de Hattie, os von Reuter se encontravam na Europa e não tardaram a obter, da parte da defunta, mensagens que se trans-

> formaram em cartas que a irmã morta enviava à irmã viva. Tais cartas forneciam muitas informações para a sua própria identificação pessoal e se acumularam de tal forma que ultrapassaram a elevada cifra de trezentas, sendo a maior parte delas absolutamente ignorada pelos dois von Reuter... Mas, enquanto este acúmulo imponente de informes mostrava-se importante para a demonstração científica da sobrevivência da alma, as mensagens da falecida se mostraram ainda mais importantes, pela difusão de luz que espalharam sobre a vida do além-túmulo. Este memorável caso pode ser citado como desafio aos céticos, visto que, com a hipótese telepática e subconsciente, não se chegaria nunca à prova tão concludente.

Por sua parte, a médium, sra. Grace von Reuter, informa que havia conhecido as duas irmãs na sua primeira mocidade, mas que, depois de seu casamento, era-lhe muito rara a ocasião de encontrá-las e que, após alguns anos, partira com o filho para a Europa, onde, durante vinte e oito anos, viu-as uma única vez, quando de uma viagem à sua terra natal. Informa também que ela e o filho nada sabiam a respeito da vida das duas irmãs em Pasadena, localidade para onde se mudaram nos últimos anos, e, finalmente, que haviam sabido da morte de Hattie quatro meses após o acontecimento.

Estabelecido isto para uma precisa valorização das fatos, passo a relatar um certo número de episódios a título de exemplos. Advirto não ser possível citá-los em quantidade suficiente para fazer aparecer o valor cumulativo, visto que se trata de mais de trezentos informes, fornecidos com o propósito declarado de provar a própria presença espiritual no local, e onde são citados todos os familiares, os parentes, os amigos e os conhecidos com os quais a morta, dizendo-se presente, afirma ter coexistido em vida.

Infelizmente impossibilitada a prática de fazer emergir o valor cumulativo de tão imponente massa de informes pessoais, somos levados a considerar a ineficácia teórica do caso aqui considerado. O inconveniente, porém, é inevitável quando se trata de retomar experiências cujo valor teórico é de ordem cumulativa e acentua-se, uma vez que quem escreve já teve oportunidade de realizar a experiência por ocasião de outro caso análogo e mais importante – do morto sr. Hacking. Resulta daí que os leitores desejosos de formarem um conceito claro sobre o valor teórico dos dois acontecimentos deveriam estudá-los na narração original.

Esclarecido também este ponto, passo a enumerar alguns episódios do caso, começando por uma mensagem em que a morta narra as vicissitudes por que passou depois da *crise da morte*. Compreende-se, desde já, que um episódio semelhante não pode ser revestido de valor probatório, salvo se se considerar a habitual e notabilíssima concordância entre aquilo que a entidade comunicante narra de si e aquilo que, a propósito, narram numerosas outras entidades de defuntos. Eis porque cito o episódio.

Minha cara Florence,

Não é possível que lhe escreva nesta primeira carta tudo o que vi e aprendi desde o dia em que despertei no mundo espiritual. Teria que escrever muito para dar-lhe uma pálida ideia. Adormeci logo depois que os meus velhos despojos foram sepultados. Naquela memorável manhã em que ouvi dizer que tinha morrido, encontrava-me, ao invés, mais viva do que nunca, ao lado de meu velho corpo inanimado. Tinha experimentado a sensação de evadir-me de mim mesma e de, no entanto, continuar a ser eu mesma, mas livre de qualquer fadiga ao respirar. De início, fiquei desorientada ao achar-me repentinamente livre de qualquer sofrimento. Coisa estranha! Via-me ali, próxima de mim mesma. Subitamente me dei conta de que podia ler seu pensamento e notei que vácuo terrível o acontecimento havia deixado em seu coração. Foi quando decidi, a qualquer preço, fazê-la saber, fazê-la sentir, tocá-la com a mão para que você compreendesse que eu havia sobrevivido à crise da morte. Então, não sabia como realizar o meu propósito, mas tinha a intuição certa de poder consegui-lo.

Caríssima Florence, eu lia em sua alma como em um livro aberto e percebia a imensidade de seu desespero. Só havia uma solução: manifestar-me a você o mais breve possível. Tenho uma recordação muito vaga do que me aconteceu no dia seguinte ao transitar pelo mundo espiritual. Recordo-me de ter ficado muito ligada a você, mas devia achar-me em condições espirituais muito confusas. Não poderia dizer-lhe que dormi, mas o tempo passou sem que o soubesse. Quando a minha velha carcaça foi sepultada, as ideias se me aclararam e lembrei-me de certas discussões que tivemos com os nossos amigos Grace e Florizel. Isto deu-me a ideia de me aproximar de você por intermédio deles, mas não tardei a perceber que me achava bastante cansada. Eis que vem ao meu encontro a nossa mãe, acompanhada de outros espíritos, entre os quais um que se revelou o meu *espírito-guia*. Mamãe conduziu-me a um lugar onde deveria repousar, dormir, revigorar-me enfim, absorvendo energia espiritual. Antes de me deitar, porém, perguntei à mamãe:

– Dizei-me se é possível comunicar-me com Grace e Florizel – ao que ela me respondeu:

– Sei por que mo pergunta. Tentarei e verei o que se pode fazer. Por ora você deve dormir.

Não sei quantos dias durou o meu sono, mas, quando acordei, mamãe me disse que se havia transportado até os nossos amigos no momento em que eles usavam uma curiosa mesinha através da qual os espíritos transmitiam aos vivos os seus pensamentos. Senti que ela também havia escrito pela mesinha e soube que havia conseguido transmitir estas poucas palavras: "Florence precisa de ajuda".

Logo que revigorada pelas correntes de energia espiritual, pensei em você, querida Florence, e, vendo-a sempre presa ao mais triste desespero, lamentavelmente abandonada e privada de forças, quis de repente entrar em contato com Grace e Florizel, com o auxílio de Flora e outros espíritos amigos, e o consegui. Este é o princípio de nossa nova união, que para você parece uma maravilha imperscrutável, mas que, ao contrário, é a coisa mais natural do mundo. Para nós, nada de maravilhoso existe em tudo isto. Noto, porém, que os meus amigos que aqui vieram para as comunicações com o mundo dos vivos afirmam que eu possuo uma especial aptidão para transmitir, corretamente, provas de identificação pessoal. Na verdade existem muitos dentre eles que não chegam a transmitir mais do que poucas palavras fragmentadas. Todos eles, querida Florence, foram tão bons em ensinar-me e ajudar-me a comunicar! Estou plenamente feliz por tê-lo conseguido.

Termino porque percebo que os bons amigos, através dos quais escrevo, necessitam de repouso. Mas não lhe parece que, por ser esta a primeira carta que lhe envio do mundo espiritual, consegui desempenhar-me a contento?

Boa noite, minha irmã. Voltarei a visitá-la no sono, disciplinando os teus sonhos.

Esta é a primeira carta-mensagem da falecida Hattie Jordan à sua irmã Florence, ainda que, não obstante, tenha sido precedida de outras numerosas e breves mensagens fornecidas aos von Reuter para que as transmitissem à irmã.

Os leitores terão observado que a narrativa da entidade comunicante, em relação ao que lhe sucedeu depois da crise da morte, concorda admiravelmente com as narrativas semelhantes por mim recolhidas e comentadas no meu livro *A crise da morte*.

Na carta em questão deve-se notar a passagem em que a morta comunicante informa que, tendo perguntado à mãe se podia transmitir uma mensagem à irmã viva por intermédio dos amigos von Reuter, esta encarregou-se de tentar a prova e, de fato, conseguiu transmitir as palavras: "Florence precisa de ajuda". Ora, é verdade que os von Reuter receberam a mensagem, porém, ignorando a morte de Hattie Jordan, não imaginaram que a mensagem se referia à sua irmã. Pediram explicações a respeito, o instrumento mediúnico, porém, não se moveu mais, o que vale dizer que a entidade comunicante, absolutamente nova em tais experiências, não estava em condições de transmitir outras palavras.

Deve-se notar ainda a observação da personalidade mediúnica: "...os meus amigos que aqui vieram para as comunicações com o mundo dos vivos, afirmam que eu possuo uma especial aptidão para transmitir, corretamente, provas de identificação pessoal" (p. 31). Tal observação repete-se várias vezes nestas mensagens e é sem dúvida razoável, já que se mostra como a única explicação racional tanto do caso aqui considerado, de Hattie Jordan, quanto do outro, mais extraordinário ainda, do sr. Hacking, quando os espíritos comunicantes se mostraram capazes de entrar em contato com os vivos com a mesma facilidade de uma conversa telefônica.

O que mais surpreende nesses casos é a excepcional espontaneidade com que um e outro espíritos conseguem transmitir nomes próprios e nomes comuns. Esta última dificuldade é quase insuperável para os mortos comunicantes, pois os nomes próprios não são *ideias* nem *imagens* e, portanto, não podem ser transmitidos telepaticamente aos centros cerebrais da imaginação dos médiuns. Faça-se, porém, uma exceção para aqueles nomes aos quais se pode dar uma ideia de uma imagem simbólica, como seria o caso, por exemplo, do nome *Margarida*, que é suscetível de transmissão simbólica, fazendo-se surgir diante da visão subjetiva do médium uma flor margarida. E, de fato, é notório que uma boa parte dos nomes próprios e comuns, conseguidos mediunicamente (especialmente através dos médiuns Piper e Thompson), foi transmitida de forma simbólica. Essa enorme e especial dificuldade a que se submetem as personalidades mediúnicas comunicantes foi revelada desde o início do movimento espiritualista, assumindo aspectos de formidável perplexidade. Isto impediu que muitos aceitassem as interpretações espíritas dos fatos, pois parecia impossível que um desencarnado, que fornecia maravilhosas provas de identificação pessoal, não pudesse esforçar-se um pouco mais para transmitir corretamente o nome dos próprios familiares e só conseguisse, no máximo, transmitir apenas as suas iniciais.

Atualmente, porém, não há provecto pesquisador que não esteja plenamente informado sobre as reais causas que determinam tão lamentável mas compreensível imperfeição das comunicações mediúnicas; digamos que, do ponto de vista teórico, essa imperfeição não é motivo de perplexidade.

Seja como for, nos dois magníficos casos aqui considerados, em que as personalidades comunicantes não encontram dificuldade alguma para transmitir correta e prontamente centenas e centenas de nomes de parentes, amigos e conhecidos, está demonstrado – se ainda for preciso – que, quando as condições necessárias às comunicações entre os dois mundos se verificam de modo adequado, os desencarnados ficam em condições de demonstrar aos vivos que conservam, integralmente, as recordações de suas existências terrenas.

Se assim é, deve-se ter em mente, porém, que os dois comunicantes em questão constituem uma exceção que presumivelmente se deve atribuir a uma feliz e perfeita atividade *vibratória* entre a mente dos dois desencarnados e os órgãos cerebrais dos médiuns pelos quais se manifestaram. Isto permite aos primeiros entrarem diretamente em contato com os centros cerebrais dos segundos, comunicando-se sem se submeterem a outro inconveniente mais grave ainda, como o de ter a memória confusa e restrita, em razão da transitória e parcial "encarnação" de suas individualidades em um cérebro alheio. São esses inconvenientes que impedem a grande maioria dos desencarnados de utilizarem, em quaisquer circunstâncias, tais modalidades de comunicação entre os dois mundos, obrigando-os a transmitir provas de identificação pessoal, nomes próprios e nomes comuns pelos meios inadequados da telepatia.

A título de exemplo típico, com relação às observações precedentes, e considerando a facilidade com que Hattie transmitia nomes próprios e nomes comuns, citarei os trechos principais de duas sessões sucessivas que a sra. Florence Jordan comenta, reunindo-os em uma só das suas missivas.

> SESSÃO DE 5 DE ABRIL
>
> Em data de 5 de abril de 1928, enquanto Florizel von Reuter, por meio de sua mãe, conversava mediunicamente com a própria tia falecida, Hattie manifestou-se observando:
>
> – Compreendo que sou indiscreta, intrometendo-me deste modo, mas sinto que não posso deixar Florence tanto tempo sem as minhas mensagens. [Florizel havia viajado por dez dias.] Estou felicíssima por saber que Florence confirma as informações de identificação que lhe transmiti. Devo apressar-me porque há uma solicitação de espíritos que há muito esperam a oportunidade de transmitirem as suas mensagens. Muitos dentre elas me invejam porque consegui facilmente entrar em contato com vocês. Não, o termo inveja é impróprio, mas eles desejam ser como eu. Agora devo enviar à Florence uma mensagem de saudação por parte de uma certa sra. Love, que vivia com uma irmã e a avó (ou tia, não me recordo bem), na esquina das ruas Twelfth e Perry, mas mudou de residência quando eu ainda era mocinha. Ela tomava aulas de piano com mamãe.
>
> *Sra. Grace von Reuter* – Eu a conhecia?

Hattie – Não, não. Isto aconteceu antes de nos conhecermos. Ela está aqui e deseja enviar uma saudação à Florence.

Grace – Morreu há muito tempo?

Hattie – Não, há pouco tempo. Também devo enviar outra mensagem de saudação da parte de Lily.

Grace – Trata-se talvez de Lily R...?

Hattie – Não, não. É uma outra.

Grace – Qual é a mensagem a ser enviada?

Hattie – Sempre saudações afetuosas do mundo espiritual. Está aqui presente o noivo de Miranda, o qual envia, por sua vez, uma afetuosa saudação à sua ex-noiva. Mas não diga nada a ela porque não acreditaria nisto, [Hattie, em sua mensagem, dirige-se diretamente à irmã.] Estão aqui também o pai, a mãe e as duas avós de Judith e todos lhe enviam saudações e beijos. Pergunte-lhe se tinha um tio que morreu ou foi assassinado quando era criança.

Grace – Tio de Judith?

Hattie – Sim, pode perguntar-lhe também se sua avó paterna não viajava frequentemente a Rouen, na França. Não lhe diga, porém, como você veio a sabê-lo. Procure somente informar-se. Mais uma vez, querida Florence, repito que, ao enviar-lhe estes informes, eu não tenho outro objetivo senão o de convencê-la a respeito de minha identidade pessoal. De resto, se você lho dissesse, ela não lhe daria crédito. Pergunte-lhe casualmente, observando que tempos atrás você tinha ouvido falar dele. Chamava-se Drake.

Florizel – Este último nome está correto?

Hattie – Sim, e esta é uma boa prova. Também Lucy e Clara enviam saudações.

Florizel – Trata-se de Lucy Strickleberger? [Esta era uma nossa amiga particular da América e, se assim procedi, foi com o intuito de controlar, por minha vez, a entidade comunicante.]

Hattie – Não, não. Transmito nomes seguidamente com o fim de provar a minha identidade, pois Florence e os outros ainda têm necessidade disso... Estou firmemente decidida a provar minha identidade pessoal, mas agora devo parar, a fim de não gastar mais torças. Vocês vêem com que firmeza persevero em minha tarefa. Todos me dizem aqui que possuo faculdades fora do comum para transmitir diretamente informes pessoais, sem necessidade de recorrer a espíritos intermediários. Vocês não podem imaginar que multidão de desencarnados, vinculados ao mundo do amor, volteiam aqui ao redor, ansiosos por tentar a comunicação e fazerem-se reconhecer. E é por isso que eu me preocupo tanto em transmitir longas relações de nomes desconhecidos. Walter..

Neste ponto a comunicação foi bruscamente interrompida e uma outra entidade – talvez o *espírito-guia* – escreveu em alemão: Ela foi embora.

SESSÃO DE 7 DE ABRIL

O relator – Florizel von Reuter – informa: “Coloquei a mão sobre o instrumento mediúnico e ele começou imediatamente a escrever, enquanto eu me abstinha de seguir, com os olhos, a escrita. Minha mãe seguiu-a e leu: 'Flora diz que posso começar a escrever'. [Flora era uma tia já falecida de Florizel.)

Florizel – Quem é?

Hattie – Flora me chamava sempre de Harriet. [Florizel comenta: Lembro-me vagamente de que minha tia efetivamente falava algumas vezes em Hattie, chamando-a de Harriet.] Às saudações do mundo espiritual, por mim transmitidas no outro dia, quero juntar algumas particularidades com relação a outros desencarnados, que se valem de mim como intermediária entre eles e minha irmã Florence. (Dirige-se agora diretamente à Florence.) Lembra-se de uma menina de nome Lollie, que tomava lições com mamãe? Ela está no mundo espiritual há muito tempo. Como vê, as antigas alunas de mamãe têm ainda as vibrações de suas individualidades e mantêm-se em contato com ela. E isto é o que acontece também com Lollie, que vem muitas vezes conversar com mamãe. Para ser sincera, não me lembrava mais dela, mas você, Florence, talvez se lembre. Seu verdadeiro nome era Laura, porém todos a chamavam de Lollie. Era uma menina morena com um rostinho afilado.

Florizel – Deseja naturalmente enviar saudações a Florence?

Hattie – Não. Chamo a atenção sobre ela porque se trata de uma boa prova. As *duas* mães de Miranda estão desgostosas por não poderem enviar uma mensagem à filha. Ainda o nome de Will... e por ora basta.

Florizel – Você já se referiu uma vez a este Will.

Hattie – Não, era um outro. Refiro-me desta vez a um amigo de nosso pai, o qual vem muitas vezes aqui para encontrá-lo.

Florizel – Florence o conheceu?

Hattie – Sim, certamente. Era uma amizade feita na igreja.

Florizel – Não tem nada a comunicar?

Hattie – Não. Trata-se apenas de uma prova a mais para a minha identificação. Ele, afinal, não é muito elevado no mundo espiritual. E por ora basta. Antes que seja enviada a carta à Florence, quis acrescentar estes outros informes, que, por si sós, não têm importância. Boa noite, caros amigos.

Comentários da sra. Florence Jordan sobre o conteúdo das duas sessões precedentes:

Caro Florizel,

Estas duas últimas mensagens de Hattie são as mais maravilhosas que recebi até agora do mundo espiritual. Passo, sem demora, a comentá-las.

MENSAGEM DE 5 DE ABRIL

PRIMEIRA PROVA

A sra. Love e a sua irmã Rose Erwin viveram algum tempo com uma tia na localidade das ruas Twelfth e Perry, na esquina sudeste, e há trinta a quarenta anos que não temos notícias delas.

SEGUNDA PROVA

Lily era uma prima nossa, filha do tio Palmer Lumb. A sra. Grace provavelmente lembrar-se-á dele. [Florizel comenta: "Minha mãe recorda-se de ter visto este tio das Jordan, mas nada sabia a respeito de sua filha".]

Miranda era uma nossa amiga. Não lhe cito o nome completo porque poder-se-ia melindrar ao ver-se relacionada em pesquisas desta natureza. [Florizel comenta: "Note-se que Hattie tinha avisado que Miranda era avessa às práticas espíritas".]

QUARTA PROVA

Judith. Trata-se de Judith G...., uma jovem senhora que convivia com Miranda. Previno-os para não citá-la publicamente pelas razões acima.

QUINTA PROVA

Seu pai e as duas avós encontram-se no mundo espiritual. Também o tio encontra-se lá. Realmente, este seu tio faleceu quando criança e a morte ocorreu no exterior. Não tive ainda a oportunidade de perguntar à Miranda se a mãe de seu pai ia muitas vezes a Rouen.

[A propósito da afirmativa de Florence – que o tio de Judith falecera no estrangeiro –, Hattie observa: "Digam à Florence que ela se engana, pois o tio de Judith não faleceu no estrangeiro: morreu de uma queda de cavalo. Digam para ela verificar também isto. Convencer-se-á mais do que nunca que eu sei o que digo. No mais, ela agora está quase certa de que quem lhe fala sou eu mesma. A última mensagem foi muito produtiva em tal sentido. Sabia que ela era boa e lho disse. Naquela noite as transmissões das provas vinham fáceis e espontâneas, e nem sempre é assim. Isto depende do estado de vocês dois. Se estão cansados, não consigo transmitir corretamente minhas provas. Também nesta noite as condições estão boas".]

SEXTA PROVA

Tenho uma vaga lembrança de que o nome do menino, tio de Miranda, era precisamente Drake.

[A seguir, deduz-se que Florence chega a admitir que o nome da criança era efetivamente Drake. Além disto, ela retifica o erro em que incorreu, escrevendo aos von Reuter nestes termos: "É realmente verdade que o menino Drake faleceu de uma queda de cavalo, no Estado de New York". Observa-se assim que a memória da irmã morta era melhor do que a da irmã viva.]

[Sempre a propósito do menino Drake, é notabilíssimo o fato de Hattie ter acrescentado um detalhe importante, desconhecido de todos; inclusive dela própria, uma vez que obtivera a informação da falecida avó de Judith. Não se chegou a verificá-lo, no entanto, devido à má vontade de quem podia fornecer a informação pedida. Hattie havia informado: "Há uma fotografia do tio de Judith: é uma criança delicada, com longos e anelados cabelos louros. Florence pode perguntar à Judith e, se esta não se lembrar, pergunte-o à mãe dela. Vocês compreenderão que se trata de uma *prova* muito importante, porque nenhuma de nós nunca soube do fato. *Foi a falecida avó de Judith que o contou a mim*".]

SÉTIMA PROVA

Não consegui lembrar-me de Lucy e Clara, a menos que Lucy seja a mãe dos Craddock.

OITAVA PROVA

Walter. Trata-se de Walter French, enteado de nossa fllha Ruth. Vivia em Denver.

MENSAGEM DE 7 DE ABRIL

NONA PROVA

Lollie. Não consigo lembrar-me dela. Tal nome, entretanto, desperta em mim uma vaga sensação de já tê-lo ouvido. Mamãe teve sempre muitas alunas e consequentemente não posso recordar-me de todas. [Florizel comenta: “Mais tarde Florence conseguiu identiflcar também Lollie” (p. 39).]

DÉCIMA PROVA

Miranda tinha uma madrinha que era irmã de sua mãe, e ela é a única mãe da qual conserva recordações. Assim sendo, é muito apropriada a expressão *duas mães*.

DÉCIMA-PRIMEIRA PROVA*Will*. Trata-se de Will Thompson. Lembro-me dele, embora fosse um simples conhecido.

DÉCIMA-SEGUNDA PROVA

É verdade que Will pertencia à nossa igreja. Morreu há muito tempo. Também é verdade que era amigo de nosso pai.

> [Viu-se finalmente que a entidade comunicante refere-se à firme vontade de chegar a fazer-se identificar, o que combina com esta observação de Florence: "Harriet sempre foi muito perseverante, muito segura, em qualquer tarefa que empreendesse".]

A tal propósito, é notável a insistência com que a morta comunicante volta, sob várias formas, a reconfirmar o seu firme propósito de fazer-se identificar. Nas duas mensagens acima, ela começa ponderando:

> Cara Florence, ao enviar-lhe estes informes, outro fim não tenho que o de convencê-la da minha identidade pessoal.

Pouco mais adiante, retoma dizendo:

> Não, não. Transmito nomes seguidamente com o fim de provar a minha identidade, pois Florence e os outros ainda têm necessidade disso... (V. p. 35).

E, logo em seguida, reafirma:

> Estou firmemente decidida a provar minha identidade pessoal... (V. p. 35).

Depois, no mesmo parágrafo:

> Vocês vêem com que firmeza persevero em minha tarefa (V. p. 35).

Termina este parágrafo com a frase:

> E é por isso que eu me preocupo tanto em transmitir longas relações de nomes desconhecidos (V. p. 35).

Voltando depois, na mensagem seguinte, com referência a uma pergunta que lhe foi feita a propósito do nome de uma menina por ela transmitido, afirma:

> Chamo a atenção sobre ela [a menina] porque se trata de uma boa prova (p. 35).

E, finalmente, quando lhe foi perguntado se o espírito de Will tinha algo a comunicar, Hattie respondeu:

> Não. Trata-se apenas de uma prova a mais para a minha identificação (p. 35).

Tão admirável segurança de propósitos, indicando uma têmpera de caráter fora do comum, não podia deixar de atingir o alvo. De fato, Florence, sendo totalmente ignorante em experiências mediúnicas, mostrava-se de princípio avessa em acolher como real a notícia. Acabou por sentir abalada a sua incredulidade e, passando por um período de alternativas entre a convicção e a dúvida de que era possuída, acabou sendo vencida pela força persuasiva e irresistível das provas cumulativas apresentadas pela morta comunicante. Afinal, declarou-se irrevogavelmente certa de estar conversando com o espírito da irmã morta.

Florence indica, já na carta seguinte àquela citada, a sua própria convicção e nela comenta as sessões precedentes, com o fim de completar o controle das provas. Escreve ela:

> Não sei se vocês chegaram a formar um conceito claro daquilo que as mensagens de Hattie representam para mim. Depois de recebê-las, não me sinto e não me sentirei mais só nem desolada. Renasci para uma nova vida e gozo de uma felicidade sem limites. Hattie mostra-se sempre a mesma; livre, porém, dos sofrimentos terrenos. Digam-lhe, pois, oh!, digam-lhe que já não necessito de mais provas: estou convencida.
>
> A *prova* relacionada com o menino, tio de Judith, é para mim resolutiva. Já lhes disse na última carta. Agora lhes participo que cheguei a lembrar-me de *Lollie* ou *Laura* Atkinson. Há muitos anos, seu pai teve relações comerciais com o nosso pai. Ela era precisamente uma *menina morena, de rosto afilado*. Foram estabelecer-se em Dakota há muitos anos e lá ela morreu se bem me recordo logo após o seu casamento. Quanto a John T..., de que me fala Hattie, não posso pensar em outro a não ser John Thompson, que vive na Califórnia.

É neste ponto que a irmã morta, tendo conseguido o seu intento, diverte-se invertendo as partes, submetendo a irmã viva a um interrogatório com a intenção, diz ela, de por à prova a agudeza de sua memória.

A identidade de John T..., que a irmã viva erradamente havia interpretado por John Thompson, já é uma das ditas interrogações de controle. Na verdade, Hattie transmitira certa vez apenas o nome John, pretendendo que a irmã adivinhasse a qual John ela aludia. Cedendo às insistências de Florizel, juntou a inicial T, do sobrenome. Foi então que a irmã respondeu que não podia pensar em outro a não ser John Thompson, residente na Califórnia. Na décima oitava sessão, Hattie observa a propósito:

> *Hattie* – Finalmente Florence ficou convencida, mas agora eu me divirto fornecendo-lhe nomes que são enigmas. Quero que ela me diga quem era John T..., a quem me referi certa vez. Disse que ele havia emigrado para o este e não para o oeste.
>
> *Florizel* – Quer dizer que você não aceita o nome de John Thompson, conforme nos escreve Florence?
>
> *Hattie* – Claro que aceito, mas ele não é o John que emigrou para o este.
>
> *Florizel* – Não quer fornecer outras letras de seu nome?
>
> *Hattie* – Em não revelar está o sabor do brinquedo, que se torna mais saboroso sabendo-se que a segunda letra de seu sobrenome é realmente h, como no que Florence forneceu.

> *Florizel* – Não quer acrescentar pelo menos uma letra?
>
> *Hattie* – A terceira letra é a. Ele tinha um amigo cantor. Paro por aqui, pois já indiquei mais do que devia. Não acrescento mais nada.

A irmã viva escreve nestes termos a propósito do enigma de John Tha...:

> Hattie diverte-se inflingindo-me *provas* a fim de testar minha memória, com resultados formidáveis. Pois bem, depois de semanas de esforços mnemônicos, consegui identificar também o famoso John T.... o que devo realmente às letras *h* e *a*, com as quais Hattie quis magnanimamente agraciar-me. Compreendi que ela se referia a John *Thackeray*, um gracioso rapaz de dezenove anos, aluno de nossa mãe e meu aluno também, por breve tempo. Ele tinha grande habilidade em fazer jogos de prestidigitação e com eles encantava as crianças. [Hattie havia falado de uma sua *força sugestiva*, presumivelmente pretendendo dizer *prestidigitação*.] Provavelmente eu nunca pensaria nele se não fosse a alusão de Hattie.

Observo que o incidente exposto elimina uma objeção que, embora puramente indutiva e gratuita, sempre teve poder de neutralizar a eficácia demonstrativa de numerosos incidentes do gênero. Tal objeção consiste em se presumir que, quando uma personalidade mediúnica afirma conhecer um certo nome mas não quer ou não pode transmiti-lo, recorre com isto a uma das chamadas *desculpas magras*, pois trata-se, em realidade, do subconsciente do médium que ignora o citado nome e não consegue captá-lo do subconsciente dos presentes. Felizmente tal objeção não se aplica ao incidente exposto, visto que Hattie transmitiu uma primeira vez o simples nome John; porém, juntou em seguida a letra maiúscula *T*, inicial do sobrenome do personagem a que aludia; e, finalmente, as letras *h* e *a*. Com isso, demonstrou, de uma forma segura, que conhecia o nome Thackeray mas que não queria transmiti-lo, por razões próprias.

Ao reforçar as minhas afirmativas, acrescento uma outra circunstância, quando a irmã viva não consegue descobrir o nome sobre o qual era inquirida pela irmã morta e, então, esta última decide revelá-lo integralmente. Isso comprova que, efetivamente, a pessoa era do conhecimento da morta. Eis o episódio:

> *Hattie* – ...e agora chego a Fanny. Seu sobrenome começava com D. O nome de seu irmão era Fred. Parece-me que se formou em medicina depois da partida de Grace. Morava em Brady Street. Era de uma família de bem. Não acrescento mais nada.

Apesar de tais indicações, Florence não conseguiu identificar a pessoa em questão e escreveu aos von Reuter:

> Estou na mais completa escuridão a respeito de Fanny D..., cujo irmão era médico.

Hattie convenceu-se que, desta vez, a irmã viva não seria capaz de acertar e se decidiu, então, a revelar o sobrenome da pessoa indicada, ditando aos von Reuter:

> Digam à Florence que me refiro a Fanny Danvers.

Assim informada, Florence reconheceu subitamente a pessoa.

Acentuo que os episódios análogos aos citados não são suficientemente eficazes para eliminar a hipótese das mistificações subconscientes compreendidas no sentido supracitado, mas evidenciam também um sistema inverso de interrogatório que se mostra novo na casuística metapsíquica e que é muito importante como contribuição para a demonstração da presença espiritual, no lugar, dos mortos comunicantes.

Abstenho-me de citar outros episódios para não me prolongar muito, visto que os já citados são suficientes para fornecer uma clara ideia acerca das características especiais das informações pessoais transmitidas pela morta, com o fito de identificar-se.

O relator – sr. Florizel von Reuter – resume os fatos nos seguintes termos:

> No caso aqui considerado, foram fornecidos mais de trezentos informes pessoais a título de

> *prova de identificação*, cuja autenticidade foi confirmada na razão de noventa e cinco por cento. Acrescente-se que não se deve levar a débito da entidade comunicante a tênue porcentagem de informes não-identificados, uma vez que o fato é unicamente devido à má vontade e à hostilidade das pessoas que possuíam o material das provas: elas não quiseram fornecer as referências pedidas ou não quiseram incumbir-se das indispensáveis indagações probatórias. (Lembro o incidente da fotografia do menino Drake, quando a morta voltou a ele com insistência e repetidas vezes, exortando a se fazer o possível para identificá-lo.)

Assim conclui o relator. Por minha conta lembrarei que, entre as informações pessoais fornecidas, várias encontram-se revestidas de grande valor teórico porquanto eram desconhecidas de todos os experimentadores e, algumas vezes, da própria morta (que as pedia a outros defuntos por ela conhecidos em vida). Além disto, a grande importância teórica do caso em exame, em confronto com outros episódios iguais de identificação espírita, reside no número extraordinário de informes transmitidos pela morta, os quais assumem valor de prova cumulativa logicamente irresistível no sentido espiritualista.

Neste ponto sou levado a dirigir-me, de modo especial, àqueles que já reconhecem tal verdade, com o intuito de chamar sua atenção sobre o fato de que o caso em questão se presta para fazer emergir, com grande evidência demonstrativa, a solução logicamente inevitável de um outro quesito muito controvertido, que me apresso a expor.

Achamo-nos frente ao caso de uma morta que conseguiu identificar-se, fornecendo mais de trezentas informações verídicas sobre a sua existência terrena e que, em pouco tempo, *entre uma informação e outra*, transmitiu informações precisas a respeito da própria existência espiritual e das condições do ambiente em que se encontra. E note-se que esses informes concordam plenamente com os fornecidos por numerosos outros mortos comunicantes. Pois bem, segundo alguns metapsiquistas que não negam, ou melhor, admitem a existência de autênticos casos de identificação espírita, as mensagens mediúnicas em que se descrevem as condições de ambiente espiritual – não importa se concordam admiravelmente entre si – devem ser relegadas em massa entre as mistificações da subconsciência.

Com base nas conclusões acima e relativamente ao caso aqui considerado, devemos deduzir que a entidade comunicante era um autêntico espírito de pessoa morta que, vez por outra, transmitia informações verídicas em torno da própria existência terrena, mas que transformava instantaneamente em efêmera personalidade sonambúlica não apenas entre um informe e outro, fornecendo informações acerca da própria vida espiritual.

Deve-se perguntar se um tal modo de argumentar está de acordo com a lógica, uma vez que, ao contrário, os metapsiquistas em questão exigem uma escolha rigorosíssima das muito numerosas coleções de *revelações transcendentais* – muitas das quais se mostram divagações onírico-subconscientes facilmente reconhecíveis como tais. Se assim procedem, eu me declaro plenamente de acordo com eles, acrescentando que o primordial critério de escolha deveria ser o de recolher apenas as mensagens transmitidas por personalidades de defuntos que hajam provado a sua identidade pessoal. E isto é o que se verifica em grau superlativo no caso aqui considerado.

Em outras palavras: baseando-se nos trezentos informes fornecidos, deve-se considerar provada a identificação pessoal da falecida Hattie Jordan, de modo que também deverão ser aceitos, como genuinamente supranormais, os contemporaneamente fornecidos sobre as modalidades da existência espiritual, já que é patente que o primeiro fator da proposição subentende o segundo. Por conseguinte, quem não admite o segundo deve, por necessidade lógica, negar também o primeiro. Aqueles que negassem a ambos estariam errados, mas pelo menos argumentariam com um fio de lógica, enquanto que o mesmo não se pode afirmar em relação àqueles que acolhessem o primeiro fator e negassem o segundo.

Com isto finalizo, concluindo que o caso de identificação espírita da falecida Hattie Jordan deve ser classificado entre os mais importantes do gênero, levando-se em conta que são extremamente raros os casos em que as personalidades dos mortos conseguem transmitir, com abundância, informações pessoais de identificação. Começa-se, de fato, pelos casos de George Pelham e de Bennie Junot com a sra. Piper; temos depois, já em nossos dias, o complexo e magnífico caso de Oscar Wilde, o relatado pela srta. Lea Walker em um grosso volume intitulado *The bridge: a case for survival* e o publicado em um opúsculo sob o título *de The spirit return of mr. Hacking*. Vale dizer que, juntando estes ao caso em exame, tem-se ao todo seis do mesmo gênero e, na verdade, muito raros.

Ninguém pretenderá, porém, que as comunicações com o além sejam fáceis como as comunicações telefônicas e, para provar a tese da sobrevivência, os seis casos acima deveriam logicamente ser suficientes, visto que não existem hipóteses naturalistas capazes de dar-lhes inteira razão a menos que não queiram dar freios à fantasia, arquitetando hipóteses mnemônico-cósmicas equivalentes à onisciência divina.

Além disto, é racional concluir que, com o progresso da nova ciência metapsíquica, chegará um dia em que as relações entre os dois mundos serão mais fáceis. Por agora, no entanto, dever-se-ia reconhecer que já foi conseguido o suficiente para se sentir autorizado a vaticinar, como não muito distante, o dia em que será cientificamente demonstrado, na base dos fatos, a sobrevivência do espírito humano.

Importa recordar, entretanto, que os casos do gênero da identificação espírita, fundados nos informes pessoais fornecidos pelos mortos comunicantes, não representam senão uma das numerosas categorias de manifestações supranormais que convergem para um único ponto: a demonstração da existência e sobrevivência do espírito humano.

Remeto os leitores às minhas vinte e cinco monografias onde são enumeradas todas as categorias de fenômenos supranormais. Nelas se incluem centenas de casos variadíssimos e ainda mais eficazes no sentido espiritualista. Limito-me a recordar os *das aparições de defuntos no leito de morte* – quando são percebidos coletiva ou sucessivamente pelo moribundo e pelos presentes – e os casos complementares das *aparições de defuntos no ambiente em que viveram* – levando em conta, ainda desta vez, as aparições percebidas coletiva ou sucessivamente por várias pessoas. Recordo, além disto, alguns exemplos impressionantes de eloquentíssimos fenômenos de *telecinesia* pouco depois de acontecido um caso de morte, ou também alguns episódios de *obsessão* com visão clarividente da entidade obsessora, a qual, embora desconhecida de todos, consegue identificar-se. Recordo ainda numerosos casos de *fotografia transcendental*, em que espíritos de pessoas desconhecidas chegam a se identificar; alguns episódios extraordinários de fenômenos de *assombração*, com a aparição de espíritos desconhecidos de todos e a seguir identificados; e, finalmente, algumas recentíssimas experiências de *tríplice correspondência cruzada*, à enorme distância, com manifestação quase simultânea e em línguas ignoradas pelos médiuns ou pelos presentes – e a língua, na experiência a que aludo, era o chinês. Também foram feitas algumas experiências proveitosas quando, obtendo-se as *impressões digitais* de dois defuntos, confrontou-se-as com as tiradas em vida (experiências do dr. Crandon, em Boston).

Parece-me que agora basta. Era preciso recordar tudo isto, uma vez que os opositores, argumentando com base no erro apontado, dirigiam exclusivamente as suas críticas aos casos de identificação espírita fundados nas informações pessoais fornecidas pelos defuntos, como se fora de tal forma, não existisse, na casuística metapsíquica, nenhuma outra que se mostrasse a favor da hipótese espírita. Note-se que, de qualquer modo, seria interessante lembrar aos adversários que mesmo a classe dos fenômenos anímicos, *por estes invocada para combater nossa hipótese*, bastaria também, por si só, para demonstrar a sobrevivência do espírito humano. Isso porque, em última análise, os fenômenos anímicos se mostram complementares dos fenômenos espíritas, porquanto provam a existência, no homem, de uma personalidade integral subconsciente, provida de faculdades supranormais maravilhosas que se mostram independentes da lei da evolução biológica. Ou, em outros termos: provam que o homem é um *espírito*, também quando encarnado.

Estas são as condições de fato que se tornam patentes na casuística metapsíquica e que, cedo ou tarde, deverão infalivelmente constranger até os mais recalcitrantes homens de ciência a admitir a interpretação espiritualista da própria casuística.

Noto finalmente que, do ponto de vista aqui considerado – o da identificação dos defuntos com base nas informações pessoais por eles transmitidas –, a convergência admirável de todas as manifestações supranormais – anímicas e espíritas – na demonstração da existência e sobrevivência do espírito humano não faz mais do que aprovar indireta, mas prodigiosamente, seu valor teórico. Patenteia-se, assim, mais do que nunca, que, se é possível explicar algumas das informações transmitidas invocando a telepatia, a criptomnesia, a criptestesia, uma tal possibilidade parece contudo literalmente descabida frente ao significado cumulativo de todos os informes. Esse significado evidencia-se, por si só, clara e inabalavelmente espírita e como tal se mostra, mais do que nunca, quando se considera o elemento *cumulativo*, por sua vez inabalavelmente espírita, de todas as manifestações supranormais, subconscientes e extrínsecas.

IV. Extraordinário Caso de Identificação Espírita

O caso que vou resumir e comentar apareceu, primeiramente, em vários números da revista espírita inglesa *The Two Worlds* e foi reproduzido, em seguida, numa brochura de cinquenta páginas sob o título de *The spirit return of mr. Hacking*.

É um caso pertencente à categoria das provas de identificação espírita por meio da *vidência* e da *incorporação mediúnica*, mas observam-se nele formas de desenvolvimento características e importantes. De outra parte, as indicações fornecidas pelo espírito comunicante, desconhecido de todos os experimentadores, são de tal modo abundantes e precisas que se pode colocar este episódio entre os melhores que se conhecem na categoria das provas obtidas por meio dessas faculdades mediúnicas que acabo de indicar. É necessário, então, tornar este caso mais conhecido, para impedir que logo seja esquecido, como acontece, infelizmente, com grande número de episódios muito interessantes deste gênero.

Desenvolveu-se este caso em uma série de sessões que tiveram lugar, em 1922, na sede da Society for Psychical Research, na cidade de Sheffield, sociedade cujo presidente atual é o rev. F. Ballard. Os fatos foram expostos pelo sr. W. Harrison Barwell, que começa observando que o grupo de experimentação, de que ele também fazia parte, empreendera as pesquisas com uma sensitiva e médium escrevente da sociedade. Mais tarde, o grupo foi aumentado com a inclusão do sr. e da sra. Brown, não tardando a se descobrir que o sr. Brown era dotado de faculdades de clarividência e clariaudiência bem notáveis, que eram logo seguidas de sonho mediúnico, com personificações mediúnicas. É sobretudo por seu intermédio que se desenrolou o caso de que nos vamos ocupar.

Escreve o sr. W. H. Barwell:

> No decurso da quinta sessão de nosso grupo, manifestou-se uma entidade que se dizia ser o espírito de um rev. F. Calder. Afirmou ter sido, durante vinte e um anos, instituidor principal da igreja de Chesterfield e, em seguida, durante trinta e um anos, reitor em Wingerwort, perto de Chesterfield. Continuou dizendo:
>
> – Vejo que formais um grupo de severos investigadores da verdade. Ponho-me à vossa dis-

posição para afastar do grupo os elementos indesejáveis e para ajudar-vos com meus conselhos em vossas investigações. Assim será enquanto continuardes a ocupar-vos destas questões, com os mesmos fins elevados.

Ele manteve a palavra, não deixando nunca de se manifestar nas sessões, regulando as suas durações, abrindo-as e fechando-as.

Os que seguem o movimento espírita se recordarão de que um bispo anglicano bem conhecido censurou o rev. Vale Owen por ter permitido que sir Arthur Conan Doyle fizesse uma conferência na igreja de Oxford. Ora, esse bispo tinha sido aluno do falecido rev. Calder. Este, a fim de aclarar a mente de seu antigo discípulo relativamente às verdades espirituais, achou-se no dever de fornecer ao mundo, por intermédio de nosso grupo, provas de identificação de mortos que fossem de natureza irreprovável e, assim sendo, obteve a manifestação, em nossas sessões, de um espírito desconhecido de todos.

A 26 de fevereiro de 1922, às sete horas da noite, William Sagar – um espírito familiar ao grupo – anunciou a presença de alguém que ele não conhecia e que desejava manifestar-se. Acrescentou que seu nome era John Hacking, que pertencera à congregação dos wesleyanos e que desencarnara há uns quarenta e cinco anos, não podendo fornecer a respeito dados bem precisos. Respondemos-lhe que estávamos bem felizes por acolher o recém-chegado e logo o vidente – sr. Brown – anunciou que percebia um senhor alto, já de certa idade, inteiramente calvo, com barba dos dois lados do rosto e debaixo do queixo, e com o resto do queixo e os lábios superiores raspados. Vestia um sobretudo preto, que abriu em certo momento, a fim de mostrar ao vidente que tinha as pernas arqueadas, mormente uma delas.

Logo após, falando pela boca do sr. Brown, em transe, esse mesmo espírito disse ter vivido na cidade de Bury (Lancashire), onde fora instituidor principal na escola wesleyana da Clerk Street. Pôs-se em seguida a descrever de maneira detalhada o que estava encarregado de fazer naquela escola, acrescentando que, depois de sua morte, fora substituído por um instituidor chamado Marsden, que também já falecera. Descrevendo os locais da escola, disse que havia duas portas de entrada, uma para os rapazes, outra para as meninas. Falou de uma capela da rua Union e mencionou uma rua Clerk, que cortava perpendicularmente a rua Union, depois de se virar à esquerda. Terminou dizendo que estava feliz por voltar ao meio terrestre para nos auxiliar em nossas pesquisas.

Entre os membros do grupo achava-se o rev. B..., que observou já ter estado na cidade de Bury. O espírito comunicante, então, convidou -o para fazer um inquérito a fim de controlar as indicações que dava, o que o rev. B... prometeu fazer. A sessão terminou assim.

É preciso notar que nenhum dos assistentes, com exceção do rev. B..., jamais havia estado em

> Bury e que nenhum deles, nem mesmo o reverendo, nunca tivera conhecimento da existência de um obscuro mestre-escola de sobrenome Hacking, que vivera há quarenta e cinco anos passados. O rev. B..., que era um pesquisador sério, pediu e obteve de todos os assistentes uma declaração assinada a respeito.
>
> Na sessão seguinte, o comunicante Hacking explicou que se propusera a manifestar-se a conselho do *espírito-guia* Calder e com fins bem determinados. O rev. Calder manifestou-se a seguir. Explicou ao rev. B..., que havia levado ao grupo o instituidor Hacking para que ele fornecesse provas de identificação pessoal capazes de chamar a atenção. Desejava, pois que o rev. B... se encarregasse de levar a termo o inquérito e publicasse, em seguida, uma ata do caso.
>
> Durante a reunião do dia 24 de fevereiro, o rev. B... informou ao espírito comunicante que doze entre as principais informações que ele havia fornecido – a respeito das quais se informara com um de seus amigos, residente em Bury – foram reconhecidas como rigorosamente verídicas. O comunicante, então, pediu ao rev. B... que se ocupasse das pesquisas relativas às novas indicações que ele se dispunha a lhe dar.

Tal é o resumo das primeiras manifestações do espírito de John Hacking. Para não alongar muito a minha narrativa, vejo-me na necessidade de interromper neste ponto o encadeamento ulterior dos incidentes que se desenrolaram no decurso de várias sessões, abandonando numerosas indicações verídicas fornecidas pelo comunicante, para chegar sem mais tardança à parte nova e excepcionalmente probante do caso em questão.

No dia 8 de julho de 1922, o narrador, sr. Harrison Banwell, estava na rua com a sua esposa, a quem ele manifestava seu pesar por não ter encontrado nenhuma pessoa natural de Bury que pudesse ajudá-lo a controlar, de modo satisfatório, o caso do espírito de John Hacking. Quando eles assim falavam, esbarraram com um par que vinha em sentido contrário. O sr. Barwell reconheceu no casal o major P... e sua esposa, com os quais havia estado em uma sessão espírita. Saudou-os e começou a conversar com eles. Disse, entre outras coisas, que, nas sessões que frequentava presentemente, se manifestava o espírito de um desconhecido que fora instituidor em Bury, mas que estava sendo muito difícil controlar suas afirmativas, pois não tinham nenhuma ligação com qualquer pessoa conhecida naquela cidade. O major P... respondeu que ele a conhecia muito bem. pois sua esposa era justamente de Bury, onde vivera por muito tempo. Esse encontro fortuito parecia então verdadeiramente providencial e o sr. Barwell convidou o sr. e a sra. P... a tomarem parte nas sessões.

Resultou daí que entre o espírito comunicante Hacking e a esposa do major P... entabulou-se uma série de conversações que apresentam um valor teórico considerável e que reservo para expor mais adiante.

No dia seguinte ao encontro, o major P... e sua senhora não deixaram de participar da sessão da noite. Desde que o Brown caiu em transe, o espírito de Hacking se manifestou. O narrador prossegue assim:

> Apresentei-lhe os novos assistentes e Hacking mostrou-se contente por estar na presença de uma pessoa natural de Bury. Logo começou entre eles uma conversa espontânea e animada na qual, assentados um defronte do outro, permutavam com entusiástica emoção suas recordações de um passado longínquo. Eu, enquanto Isso, tomava nota do que eles diziam.
>
> O comunicante perguntou à sra. P... se ela recordava-se da escola da rua Clerk e ela lhe respondeu que morara ali perto, isto é, na rua Agar. O comunicante observou:
>
> – Com efeito, a rua Agar não é senão um prolongamento da rua Clerk.
>
> Acrescentou que ia citar algumas pessoas que ela provavelmente conhecera:
>
> – Por exemplo, o sr. Nelson, relojoeiro da rua Agar, e o livreiro Wardleworth.
>
> A sra. P... respondeu tê-los conhecido com efeito, mas acrescentou que há muito tempo as suas casas de negócio não estavam na mesma rua. O comunicante disse que ia procurar recordar-se de outros negociantes estabelecidos, em seu tempo, naquela mesma rua, e continuou:

– E o sr. Hall, o vendedor de legumes, a senhora o conheceu?

A sra. P... respondeu afirmativamente e perguntou, por sua vez, se Hacking sabia lhe dizer qual negócio se achava ao lado do da pessoa chamada Hall. O comunicante citou primeiramente uma loja que ficava defronte e que vendia máquina para lavanderias. Acrescentou, entretanto, lembrar-se muito bem de que ao lado do vendedor de legumes havia uma loja de móveis e descreveu-a minuciosamente. A sra. P... declarou que essa descrição era absolutamente certa e que tal loja pertencera ao pai dela. O comunicante, então, observou que na loja fronteira, onde havia uma exposição de fazendas, via-se uma grande cabeça humana esculpida ao natural. Falou do sr. Hall, um homem gordo e rechonchudo; de um sr. Joseph Burrows; da loja de um alfaiate que estava ali perto e cujo proprietário fora prefeito da cidade; do negócio do sr. Watson, o cozinheiro, cuja família, de gente forte e corpulenta, morava em frente ao *Atheneum*.

A sra. P... perguntou ao comunicante, nesse momento, se se recordava de uma certa escola para moças. Ele refletiu um instante e depois disse lembrar-se de duas escolas de moças situadas no bulevar do Belvedere. A sra. P... acrescentou que tais escolas existiram com efeito, mas que não era a elas a que se referia. O comunicante pareceu sonhar um momento e depois exclamou:

– Agora eu me recordo delas! Trata-se das escolas do sr. X...'.

Em seguida, perguntou à sra. P... se ela não era parenta do sr. Ashworth, o vendedor de chapéus da rua Silver, ao que aquela respondeu-lhe negativamente. Ele acrescentou:

– Defronte de seu negócio, havia o de sedas, pertencente a Giles Hewart.

Nesse momento, o major P... tomou a palavra para observar que o sr. Hewart era pai do atual Supremo Magistrado da Corte de Justiça.

O comunicante perguntou então:

– A senhora conheceu o coronel Hutchinson, que morava na esquina da rua Mosslane e saía sempre a cavalo?

Ela respondeu que se lembrava perfeitamente e o comunicante observou:

– Como é bom a gente conversar com quem conheceu as mesmas pessoas com as quais tive relacionamento há muitos anos!

Eu lhe fiz notar que ele já tivera conversas muito interessantes com o rev. B..., com o que concordou, acrescentando, porém, que a desta tarde fora bem mais interessante.

A sra. P... perguntou em seguida ao comunicante se se lembrava da data da inauguração da capela da rua Union. Ele respondeu que preferia não indicar nenhuma data, porque não estava certo da que tinha na mente, mas recordou que a data da construção estava inscrita na fachada da dita capela.

Ele perguntou à sra. P... se conhecera o sr. Clarkson Hay, um senhor rico, e o sr. Probert, agente do correio local. Ela respondeu que ouvira citar os nomes deles.

– E Balliwell, o gordo negociante de carvão, a senhora o conheceu? Não tinha a senhora um irmão que usava óculos?

– Não – respondeu a sra. P..., que tinha cinco irmãos.

[Durante uma outra sessão, ela informou ao espírito comunicante que já havia identificado o rapaz que ele tomara por irmão dela: era Harry Hall, que, precisamente, usava óculos.]

Ele perguntou ainda:

– A senhora se recorda do que se achava ao lado da porta de entrada, para rapazes, da escola da rua Clerk? Ao que ela respondeu:

– Parece-me que, ao lado, havia uma loja.

O comunicante replicou:

– Não, havia o Restaurante Britânico, que não era na realidade senão uma pequena cervejaria, mantido por um certo Tom Diggle. A senhora conheceu Billy Witan, o açougueiro?

– Sim – foi a resposta.

– Não o confunda com Billy Witton, que morava ao lado da igreja e mandava seu filho à minha escola. Conheceu Ashton Hine, que se fazia notar por um grande chapéu que usava sempre?

– Sim, recordo-me.

– Ele tinha uma filha chamada Cissie, mestra na escola da Trindade. E a srta. Shaw, conheceu-a também? Ela era costureira na rua Mosses, mas perdeu as pernas e saía numa pequena carruagem que dirigia sozinha.

– Sim, sim, eu me recordo.

– E Thomas Blunt e sua estrebaria, na rua Heywood, que pegou fogo e os cavalos pereceram no desastre?

– Certamente que me recordo!

Ele falou em seguida de William Weldon, que tirava retratos e também era confeiteiro. Ele possuía, além disto, um veículo com um pequeno cavalo com o qual transportava pianos. A sra. P... observou que John Weldon, filho de William, era muitas vezes chamado para transportar os móveis de seu pai.

– A senhora conheceu a livraria do *Atheneum*?

– Sim.

– E o velho Fontiman, o sapateiro?

– Sim.

Nesse momento, como já era tarde, o comunicante desejou boa noite e, antes de se retirar, disse que esperava rever ainda a sra. P...

Dei um amplo resumo da primeira sessão e não mais a retomarei, para não alongar muito a narração e para citar outras que são análogas àquela, pelo número extraordinário de detalhes minuciosos que elas contêm sobre pessoas, lojas, instituições, monumentos, ruas e episódios de há quarenta anos. Essas indicações foram, na maior parte, reconhecidas como rigorosamente verídicas pela consultante sra. P...; um grande número delas, porém, ignoradas por ela, foram reconhecidas como verídicas depois de inquéritos rigorosos. Este último grupo de detalhes ignorados por todos os assistentes aumenta consideravelmente o valor teórico do caso de que nos ocupamos.

Passo agora, sem mais demora, para as atas das sessões sucessivas, que ocupam uma trintena de páginas. Limito-me a citar um episódio que aconteceu depois da publicação do caso na *revista The Two Worlds*. Essa publicação provocou a remessa, ao narrador, de diferentes cartas de pessoas que, tendo na maior parte conhecido o sr. Hacking quando vivo, estavam em condições de atestar a exatidão das indicações que não tinham sido ainda confirmadas.

O narrador escreve:

> Na copiosa correspondência a que deu lugar a publicação do caso Hacking, é preciso assinalar uma carta escrita à sra. P... pela sra. Hodson, de Handsworth (Birmingham), que, durante a sua infância, havia morado na cidade de Bury e conhecera a sra. P... Dizia ter frequentado a escola do sr. Hacking com os seus dois irmãozinhos. acrescentando que tinha por instrutora a srta. Hewitt [citada pelo espírito comunicante]. A sra. P... permitiu-me tirar cópia dessa carta, que eu li ao comunicante sr. Hacking durante a sessão de 5 de dezembro de 1924. Hacking, pela boca do sr. Brown, em transe, observou:
>
> – Muito tempo se passou, mas eu, no entanto, me recordo de ter conhecido também a sua irmã Harriett, mais velha do que ela dez ou doze anos. [Nesse momento, ele fez aparecer diante

da médium a visão de um animalzinho atrelado a uma charrete.] Eles possuíam uma pequena égua que guardavam em uma estrebaria situada na Broad Street, defronte da agência do Correio e que (quando a sra. Hodson era ainda criança) teve um lindo potro. Esses animais eram levados a pastar em um prado de Buckley Wells. Conheci o pai da sra. Hodson e me recordo muito bem de seus dois irmãos, que eu via pela manhã quando abriam a loja. Entrando-se nela, via-se à direita uma urna de cristal que continha aneis de ouro para homens. A loja tinha vinte metros de comprimento, com móveis enfileirados de ambos os lados e a passagem no meio. Lembro-me de que a sra. Hodson tinha uma amiga inseparável chamada Clara Hay. Os pais de Clara possuíam um armazém de produtos alimentícios defronte do dos Count, perto do Bank of Commerce. Era a primeira loja depois do banco. Tinham uma outra filha, primogênita, chamada Alice, da mesma idade de Harriett Count, e dois filhos: Johnny Hay e Joseph Walton Hay.

Pedi ao sr. Hacking indicações sobre seu modo de vestir naquela época. Ele me respondeu:

– Duvido que a sra. Hodson se recorde de minha pessoa, pois ela era muito jovem ainda. Eu vestia habitualmente um casaco comprido e muitas vezes levava um guarda-chuva. Nos dias de festa usava o chapéu de seda. Nos dias de semana usava um chapéu de feltro semelhante ao dos ministros anglicanos. Usava barba aos dois lados do rosto e sob o queixo; minha barba estava então grisalha. A título de ulterior identificação, pois que está aí o melhor modo de divulgar uma grande verdade, talvez chegue a acrescentar alguns outros detalhes relativamente à minha época. Pergunte à sra. Hodson se ela se lembra de Polly Ingham. Pergunte-lhe se ela não conheceu a velha Sarah do Café Royal, bem em frente ao armazém deles. Ela deverá também se recordar da sra. Hardman, a padeira, uma mulherzinha de cabelos louros. Sua pequena loja parecia uma caixa e, no entanto, ela fazia bons negócios. Pergunte-lhe, sobretudo, se se lembra da pequena égua e do potro: são pequenos detalhes que ficam gravados nas mentes infantis. Parece-me que ela tinha um irmãozinho chamado Herbert. Queira escrever já à sra. Hodson e transmita-lhe o que acabo de dizer. Boa noite.

Escrevi, imediatamente, à sra. Hodson, que me respondeu no dia 18 de dezembro de 1924, nos seguintes termos:

– Sua carta contribuiu, sozinha, para me convencer, como às minhas irmãs, mais do que todas as provas de meu conhecimento e todos os artigos que eu li sobre as questões espíritas. Eis o que tenho a dizer acerca das indicações fornecidas:

É verdade que minha irmã primogênita é doze anos mais velha do que eu, mas não se chama Harriett e sim Mary Elisabeth (Polly). Éramos cinco irmãs e dois irmãos. Minha irmã Harriett não era a primogênita mas a terceira. Também é verdade que tínhamos uma pequena égua chamada *Black Vess*, que atrelávamos a uma pequena charrete. Quando ela teve o potro, eu tinha sete anos. É verdade que a estrebaria era na Broad Street, defronte da agência do Correio, e que o prado, que havíamos alugado, estava situado em Buckley Wells.

No que concerne ao detalhe da urna de cristal contendo aneis de ouro para homens, suponho que, quando o sr. Hacking fez alusão a ela, o senhor teve dificuldade em acreditar nisso. Com efeito, como se acreditar nessa coisa inadmissível de um sortimento de aneis de ouro à venda em uma loja de móveis? Entretanto, era bem assim. Acho inútil explicar-lhe por quais razões meu pai tornou-se possuidor desse sortimento de aneis. Basta dizer-lhe que ele nunca se dedicou a essa espécie de negócio. A urna de cristal tinha a dimensão de vinte e duas polegadas quadradas mais ou menos e três polegadas de profundidade. Além dos aneis, continha outros objetos em ouro, como argolas, medalhões, chaves e relógios de bolso. Neste momento em que lhe escrevo, trago em meu pescoço um medalhão pendente formado, no centro, de um grande brinco em filigrana que se achava na urna. O senhor, assim como o espírito comunicante, talvez se interessem em saber que os restos do conteúdo da urna estão ainda guardados por mim no cofre de meu quarto de dormir. Observo que a alusão precisa a essa urna de cristal, contendo aneis de ouro de minhas irmãs, constitui a prova de identificação mais extraordinária e mais convincente que o espírito do sr. Hacking pôde transmitir para provar a sua presença real nas sessões, tanto mais se se considera a improbabilidade da indicação de uma urna com joias em uma casa de móveis. Experimento grande satisfação íntima ao pensar que nunca quis me desfazer desses objetos.

A descrição da loja, com a passagem no meio e o mobiliário enfileirado de ambos os lados, é absolutamente correta, pois ela era realmente comprida: tinha vinte metros de extensão e ocupava quase todo o lado da construção.

É verdade que a minha companheira de brinquedos chamava-se Clara Hay e que éramos inseparáveis. É verdade que o armazém de produtos alimentícios de seus parentes ficava em frente ao nosso e ao lado do Bank of Commerce. É verdade que sua irmã primogênita chamava-se Mary Alice e que seus irmãos chamavam-se John Joseph Hay (Johnny) e Joseph Walton Hay (Joey). Tinha ela um outro irmão, Willie, que partiu para a América pouco tempo após ter acabado os seus estudos.

Tudo é verdadeiro no que se refere ao aspecto do sr. Hacking e à sua maneira de vestir. Sua figura me era familiar e eu conservo muito viva a impressão que ele me causou, quando, na rua Agar, ameaçou, com sua bengala (ou seu guarda-chuva), duas crianças que brigavam.

É igualmente verdade que conheci muito bem Polly Ingham (sra. Sam Hay). Eu a revi há apenas um ano e tivemos uma longa conver-

> sa. Também conheci muito bem a velha Sarah, do Royal, assim como a loja da sra. Hardman. Meu irmão mais velho se chamava realmente Herbert.
>
> Em resumo: tudo que o espírito comunicante disse é maravilhosamente verdadeiro.
>
> Ainda uma observação importante: Joseph Walton Hay era conhecido de todos pelo apelido de Joe ou Joey. Eu sabia seu verdadeiro nome devido a minha intimidade com a família e o sr. Hacking devia conhecê-lo pelos registros de sua escola. Ora, são precisamente estes detalhes, inexplicáveis por todas as teorias, que apresentam o maior valor no sentido espírita.

Tal é o resumo substancial do admirável caso de identificação pessoal de um espírito que foi um obscuro mestre-escola – desconhecido do médium e dos assistentes – e morto, há quarenta e cinco anos, numa localidade muito afastada daquela em que se manifestou. Não posso deixar de reconhecer que se está frente a um caso que, pela sequência da imensa quantidade de detalhes fornecidos pelo espírito comunicante, pela verdade absoluta desses detalhes, dos quais nenhum foi de natureza fantástica, e pelas modalidades nas quais se realizaram os fatos, é teoricamente o mais extraordinário e o mais importante de todos deste gênero conhecidos até hoje, isto é, de todos os casos de identificação espírita obtidos por *vidência* e *incorporação mediúnica*.

Nestas condições, não será inútil analisá-lo sistematicamente, sem falsas deferências pelas pessoas, começando por discutir sua autenticidade como episódio realmente supranormal. Os opositores mostram-se bem exigentes com relação a episódios de identificação espírita obtidos pelas formas de mediunidade que serviram no caso. Eles observam, com efeito, que é muito fácil um médium mistificador conseguir recolher, clandestinamente, informações sobre um morto qualquer, desconhecido de todos, para divulgá-las em seguida, durante uma sessão, como se elas proviessem do defunto em pessoa. E os opositores indiscutivelmente têm razão: não há dúvida de que esse truque é relativamente fácil. Resulta daí que se deve agir com a maior prudência nos episódios obtidos por meio dessas formas de mediunidade. O método mais seguro para triunfar dessa perplexidade neutralizante consiste em somente acolher os casos em que as modalidades de manifestação, por sua natureza, são a melhor prova da origem supranormal dos fatos, pois que elas mostram a impossibilidade material da fraude. É o que se verifica no presente caso.

Primeiramente, é preciso observar que a intervenção do sr. e da sra. P... nas sessões verificou-se de modo totalmente inesperado. Além disso, temos que o médium e todos os experimentadores, exceção do narrador, não os conheciam e que, apesar disto, houve entre o primeiro e a sra. P... uma conversa animada e apaixonada a respeito de recordações do passado comuns aos dois interlocutores. Ora, isto exclui, de modo absoluto, toda possibilidade de o médium ter tido tempo de se preparar para a árdua prova, recolhendo informações a respeito de uma pessoa desconhecida que, inesperadamente, iria participar das sessões.

Observe-se também que, no outro episódio da sra. Hodson, a maneira como os fatos se produziram é mais concludente ainda. Isto porque os detalhes fornecidos pelo espírito comunicante se referem a uma outra pessoa que, além de ser desconhecida do médium e dos assistentes, *não assistia às sessões* e estava afastada a dezenas de milhas. Este último fato não impediu o espírito comunicante de fornecer, imediatamente, informações abundantes relativas a um passado remoto que se relacionava com ambos e que foram maravilhosas por sua qualidade e precisão.

Nestas condições e como os argumentos que acabo de expor são mais do que suficientes para excluir a hipótese de fraude, julgo inútil insistir no assunto.

Passando à análise dos fatos, mencionarei primeiramente o fenômeno da aparição, ao médium, de uma visão clarividente do morto comunicante, na qual ele se mostrava tal qual era em vida. O narrador escreve:

> ...o vidente – sr. Brown – anunciou que percebia um senhor alto, já de certa idade, inteiramente calvo, com barba dos dois lados do rosto e debaixo do queixo, e com o resto do queixo e

> os lábios superiores raspados. Vestia um sobretudo preto que abriu em certo momento, a fim de mostrar ao vidente que tinha as pernas arqueadas, mormente uma delas (p. 47).

Um pouco mais adiante, o espírito completa os detalhes a respeito de sua própria pessoa, acrescentando:

> Eu vestia habitualmente um casaco comprido e muitas vezes levava um guarda-chuva. Nos dias de festa usava o chapéu de seda. Nos dias de semana usava um chapéu de feltro semelhante ao dos ministros anglicanos. Usava barba aos dois lados do rosto e sob o queixo; minha barba estava então grisalha (p. 52).

A sra. Hodson, que se recordava do homem, observa:

> Tudo é verdadeiro no que se refere ao aspecto do sr. Hacking e à sua maneira de vestir. Sua figura me era familiar e eu conservo muito viva a impressão que ele me causou, quando, na rua Agar, ameaçou com sua bengala (ou seu guarda-chuva) duas crianças que brigavam (p. 53).

Uma outra senhora, residente na cidade de Bury, escreve ao narrador:

> Procurei informações a respeito do raquitismo das pernas do sr. Hacking. Pareceu-me re-

> cordar muito bem dele, mas não estava bastante segura de minha memória. Ora, há alguns dias encontrei uma de minhas amigas e, recordando-me de que ela frequentara a escola do sr. Hacking, dirigi a conversa para a pessoa dele, quando me disse espontaneamente: "Era um homem que tinha as pernas bizarramente deformadas".
>
> Eis identificado o homem da visão. Note-se que eu não havia sugerido nada à minha amiga. Perguntei-lhe somente que homem era o sr. Hacking.

Está, pois, demonstrado que a visão aparecida ao médium era absolutamente verídica. Ela adquire assim um valor teórico enorme e decisivo no sentido espírita. Com efeito, como considerar o fato de o médium ter tido uma visão verídica de uma pessoa que, falecida há quarenta e cinco anos, era-lhe inteiramente desconhecida assim como dos assistentes?

Poder-se-ia certamente invocar a famosa hipótese naturalista da *prosopopese-metagnomia*, segundo a qual o médium consegue mistificar o próximo, representando, ele próprio, as personalidades dos mortos e recolhendo indicações verídicas a esse respeito, seja na sua própria subconsciência (criptomnesia), seja nas subconsciências dos assistentes (clarividência telepática). Essa explicação, porém, não tem nada em comum com a visão aqui referida, pois nesta a pessoa representada era totalmente desconhecida do médium e dos assistentes.

Não se poderia também invocar a hipótese da *criptestesia* sob a forma de *psicometria*, pois, quando o médium teve a visão, não apenas ele não manipulava objetos pertencentes ao morto desconhecido, como também não havia entre os assistentes pessoa alguma que o tivesse conhecido. Ora, sabe-se que, na ausência de pessoas ou de coisas com as quais se possa estabelecer a *relação psíquica*, não pode haver fenômenos de psicometria. Segue-se daí que a visão clarividente da pessoa do falecido sr. Hacking é por si só uma prova admirável e irrefutável de identificação espírita. Desafio quem quer que seja a me demonstrar o contrário.

O episódio da sra. Hodson, porém, é mais decisivo ainda – se assim pode-se exprimir relativamente aos episódios próprios para atingir um fim. Trata-se aqui de uma pessoa ignorada do grupo experimentador, a qual, tendo escrito para confirmar por seu testemunho os fatos publicados pelo narrador, é citada por este ao espírito comunicante. O espírito do sr. Hacking, depois de ter observado que se lembrava dela, dá numerosos e maravilhosos detalhes sobre as relações de conhecimento com a senhora e sobre o meio em que ambos viveram. Não se esqueceu de salientar que se prestava a fornecer esses detalhes porque estava aí "o melhor modo de divulgar uma grande verdade" (p. 52). É preciso convir que a grande verdade da existência e sobrevivência da alma ele assim a demonstrou de uma maneira irrefutável. Pelo menos, assim deve ser para toda pessoa que não tem o espírito obscurecido por preconceitos irredutíveis.

Um dos traços característicos mais extraordinários desta série de comunicações mediúnicas já em si extraordinárias é o dos nomes próprios, transmitidos constantemente e com uma facilidade jamais encontrada nas experiências desta natureza. Como se sabe, os nomes próprios constituem a maior dificuldade de transmissão nas comunicações mediúnicas obtidas pela *psicografia* ou a *clarividência telepática*. Com a telepatia, com efeito, pode-se transmitir facilmente a substância de uma ideia ou de uma frase, que, *revestindo uma significação concreta*, chega sob a forma vibratória aos centros cerebrais de ideação do médium e se transforma lá no pensamento originário – sendo tudo mais ou menos expresso na linguagem do médium. Isto, porém, não se pode realizar quando se trata de nomes próprios, pois, *não revestindo uma significação concreta*, não se podem transformar em uma representação qualquer quando chegam aos centros cerebrais de ideação do médium. Somente ocorre isto quando os nomes contêm algo que pode ser traduzido em fórmulas simbólicas; assiste-se então ao fenômeno da transmissão de um nome a partir de sua conversão em uma representação simbólica, o que confirma ulteriormente o que já disse a respeito das dificuldades inerentes à transmissão dos nomes próprios nas comunicações mediúnicas.

Assim sendo, como considerar o fato de que essas dificuldades não existam no caso em questão? Provavelmente a solução do problema deva ser buscada na circunstância de as comunicações do espírito de Hacking realizarem-se em condições de incorporação mediúnica. Dever-se-ia, então, concluir que o espírito comunicante não transmitia telepaticamente seu pensamento, mas apoderava-se temporariamente, e de um modo excepcionalmente perfeito, do órgão cerebral do médium (*fenômeno da possessão mediúnica*).

Um outro fato, característico e extraordinário, do caso em questão é o *de um morto lembrar-se de tudo*. Na grande maioria dos casos de identificação espírita, obtidos por *psicografia, clarividência telepática* e *possessão mediúnica*, verifica-se que, se os mortos comunicantes se recordam muitas vezes de bastantes coisas, raramente isso se realiza sem grandes e repetidos esforços mnemônicos e sem lacunas e erros consideráveis. Sem dúvida, esses inconvenientes são determinados, em grande parte, por condições imperfeitas de transmissão ou de possessão mediúnica. Dever-se-ia, então, concluir que, no caso do sr. Hacking, não se observam nem lacunas, nem erros, nem esforços penosos de recordações, porque o fenômeno *da possessão mediúnica* foi mais perfeito do que habitualmente.

Esta explicação, entretanto, não dissipa totalmente o mistério, considerando-se a quantidade excepcional de lembranças longínquas, bem detalhadas, evocadas pelo espírito comunicante. Essa circunstância apresenta analogias muito notáveis com os fenômenos de recordações que se obtêm nas experiências hipnóticas (regressão da memória), graças às quais ficou demonstrado que a *memória fisiológica* não é senão uma fração insignificante da *memória integral* que existe, em estado latente, nos refolhos da subconsciência humana. Observo então que o caso do sr.

Hacking leva a supor algo semelhante para as recordações dos acontecimentos humanos no meio espiritual. Isto é, ainda que a memória fisiológica terrestre não guarde senão as lembranças úteis à existência encarnada, relegando na subconsciência as recordações integrais praticamente inúteis, todavia, em certas circunstâncias especiais, estas emergem com toda a sua perfeição maravilhosa. Isto também aconteceria com a memória espiritual, que, normalmente, guarda apenas as recordações dos acontecimentos terrestres em suas grandes linhas construtivas, relegando, em uma espécie de subconsciência espiritual, a memória integral dos acontecimentos em questão. Assim como acontece na existência encarnada, haveria também na existência desencarnada entidades espirituais mais capazes que outras de utilizar essas reservas mnemônicas, entrando voluntariamente em condições psíquicas especiais. Seria o caso do espírito do defunto sr. Hacking que, graças à sua feliz idiossincrasia nesse sentido, teria sido escolhido pelo espírito-guia Calder para provar aos vivos, com base em fatos, a sobrevivência pessoal do espírito humano desencarnado.

A propósito das considerações que acabo de expor, resta-me pedir a atenção dos leitores para o muito eloquente parágrafo do narrador que diz respeito à quantidade extraordinária de informações verídicas fornecida pelo comunicante. Ei-lo:

> Graças ao concurso de diferentes pessoas, conseguimos controlar, até aqui, a verdade de

> mais de trezentos detalhes fornecidos pelo espírito do sr. Hacking e por seus amigos mortos que colaboram com ele do lado espiritual.

Como se pode ver, trata-se de um caso de identificação espírita onde os detalhes necessários a esse fim foram fornecidos não apenas em uma medida cientificamente satisfatória mas inteiramente exuberante. Os opositores, desta vez, dobrar-se-ão perante a evidência, logicamente irresistível, de uma prova como esta? Duvido que tal aconteça com alguns deles, considerando que, em certos casos, a força dos preconceitos é de tal modo avassaladora e todo-poderosa que criou uma forma *sui generis* de cegueira lógica propriamente dita. Mas o que poderão imaginar esses opositores da verdade espírita em apoio ao seu ponto de vista? É o que estou curioso por saber.

V. Surpreendente Caso de Identificação Espírita

Há várias décadas, a sra. Travers-Smith, médium inglesa bem conhecida, escreveu um volume sob o título *de Psichic messagens from Oscar Wilde* (*Mensagens espíritas de Oscar Wilde*), com um prefácio de sir William Barret, volume contendo a exposição e a crítica de uma longa série de mensagens obtidas por ela própria. A entidade espiritual, que lhe teria transmitido tais mensagens, seria a do poeta e dramaturgo inglês Oscar Wilde, de quem tanto se tem falado, muito mesmo.[4]

Alguns dentre os leitores deste caso se recordarão, sem dúvida, de que, há muitos anos, Wilde foi condenado, pelos tribunais ingleses, a dois anos

[4] Nota do Tradutor: Wilde era irlandês de nascimento, pois nasceu em Dublin, e a sra. Travers-Smith chamava-se, em solteira, Hester Dowden.

de prisão por atos inomináveis de inversão sexual. A obra oferece um alto valor metapsíquico quer por causa da eficácia cumulativa das provas de identificação pessoal fornecidas pelo desencarnado que se manifestava, quer por causa do espírito sereno e penetrante com o qual a sra. Travers-Smith analisa as mensagens obtidas e as impressões subjetivas experimentadas por ela ao receber as ditas mensagens.

Para que se fique bem a par do assunto, importa fornecer, primeiramente, alguns dados sobre a personalidade da médium. A sra. Travers-Smith é filha de sr. Edward Dowden, professor de literatura inglesa na Universidade de Dublin e autor de obras de crítica literária tornadas clássicas. O professor Dowden deu à sua filha uma profunda educação literária e a sra. Travers-Smith tornou-se, por sua vez, uma escritora classicamente excêntrica. Com relação à metapsíquica, já publicou um livro referente às suas próprias experiências psicográficas feitas em conjunto com o professor William Barrett, o fundador da Society for Psychical Research. Esse volume tem o título *de Voices from the void* (*Vozes do vácuo*) e contém alguns casos bem notáveis de identificação espirítica. Relativamente às convicções religiosas e filosóficas da médium, é de se notar que, antes de se consagrar às experiências mediúnicas, ela se dizia agnóstica, o que, em outros termos, quer significar que a sua mentalidade, rigorosamente racional, a tinha levado a renunciar a qualquer forma de confissão religiosa. Esse estado da alma da médium é interessante de se conhecer e explica a imparcialidade admirável que ela emprega na discussão das hipóteses metapsíquicas aplicáveis ao caso de Oscar Wilde.

A mediunidade da sra. Travers-Smith é de natureza exclusivamente inteligente. Ela se manifesta pela escrita mediúnica e pelo aparelho chamado *oui-ja* (quadro alfabético munido de uma agulha móvel)[5] e apresenta o traço característico pouco comum de se harmonizar facilmente com outras formas vizinhas da mediunidade, de maneira a obter muitas vezes o fenômeno tão raro de duas mediunidades que se fundem com a consequência de produzir os melhores resultados, considerando que, em tais circunstâncias, as falhas inevitáveis, que são próprias em toda mediunidade, podem se compensar reciprocamente. É o que se produziu no caso das mensagens de Oscar Wilde, em que uma parte importante se produziu com a participação complementar de outro médium, o sr. V., que não obtinha nada sozinho, mas, quando a sra. Travers-Smith colocava a sua própria mão sobre a dele, então ele escrevia automaticamente, com uma rapidez vertiginosa, obtendo-se, em tais circunstâncias, resultados tecnicamente mais completos do que quando a sra. Travers-Smith operava sozinha. Assim, por exemplo, uma das provas de identificação pessoal fornecida pela personalidade comunicante – a da perfeita identidade da caligrafia existente entre as

[5] Nota do Tradutor: Na minha opinião, o oui-ja compõe-se de duas pequenas palavras: um oui (uí), "sim", em francês, e ja (iá), "sim" em alemão.

mensagens mediúnicas e os manuscritos do morto – não podia ser obtida senão graças às duas mediunidades combinadas. Ao contrário, mesmo quando a sra. Travers-Smith operava sozinha, não se verificava nenhuma diferença na forma e na substância das mensagens que, em ambos os casos, eram invariavelmente as mesmas.

Sob o ponto de vista da identificação pessoal, menciono desde já o fato de que o texto das mensagens em questão constituía uma admirável reprodução da forma e da substância dos escritos que Oscar Wilde publicava quando vivo.

O poeta foi interrogado acerca das diferenciações pouco comuns com que se produziam as comunicações e explicou que, para o duro mister de se comunicar com os vivos, a sra. Travers-Smith lhe permitia utilizar-se de seu cérebro e o sr. V. apenas lhe fornecia o exercício do braço que lhe era indispensável para a reprodução de sua caligrafia.

Breve voltarei a tratar deste fenômeno, teoricamente importante.

O que acabo de expor basta para ilustrar a natureza mediúnica, especial, pela qual eram transmitidas as comunicações de Oscar Wilde. Desejo observar ainda que nem a sra. Travers-Smith nem o sr. V., que é um matemático, tiveram alguma predileção pela obra literária de Wilde, de que haviam lido somente pequena parte, há coisa de vinte anos atrás.

* * *

Oscar Wilde manifestou-se, mediunicamente, de modo inesperado e repentino, interrompendo o curso de outra comunicação. Mais tarde, explicou ele que vagava, já há alguns anos, no meio terrestre, à procura de 'luzes' (médiuns), desejando entrar em comunicação com o mundo dos vivos e tornar a ver, através dos olhos de outrem, as belezas da natureza que ele tanto amara em vida.

Assim descreve a sra. Travers-Smith a primeira manifestação de seu espírito:

> O sr. V. segurava o lápis entre os dedos e eu, sentada ao seu lado, colocava, levemente, os dedos sobre a costa de sua mão.
>
> Antes que a mão se pusesse em movimento, perguntou-me ele se eu podia fechar os olhos, pergunta esta que me agradou, pois tenho notado, com outros comunicantes, que o desejo de fechar os olhos, que surgia neles espontaneamente, sempre foi o começo de resultados interessantes. O lápis pôs-se a bater, repetidamente, no papel, depois do que entrou em movimento, por saltos repetidos, como na sessão anterior, para, finalmente, escrever o nome de um dos meus falecidos amigos que ditou a seguinte frase: "Desejo conversar com a minha adorada filha, minha querida Lily."
>
> O espírito tencionava continuar, mas, assim que ele ditou o nome de Lily, percebi uma interrupção na mensagem e compreendi, instintivamente, que o espírito comunicante fora

substituído por outro. Perguntei então: "Qual é o espírito que está presente?" Aí o lápis escreveu imediatamente "Oscar Wilde" e começou a ditar a sua mensagem com vertiginosa rapidez. Olhei para o sr. V. e ele estava com os olhos fechados e parecia adormecido, todavia, o lápis estava seriamente governado a tal ponto que me oferecia alguma dificuldade para conduzi-lo do fim de uma linha ao começo da outra.

Suspendi, então, o contato de minha mão e o lápis parou imediatamente, começando de novo a bater, nervosamente, pequenas pancadas no papel.

Examinando o ditado, fiquei surpresa ao ver a nitidez e a exatidão da caligrafia. As palavras estavam bem separadas umas das outras, os "i" com os seus pingos, os "t" com os seus cortes, as citações assinaladas por meio de aspas. Enfim, a pontuação era irrepreensível.

A assinatura de Oscar Wilde chamou logo a minha atenção pela a sua feição particular.

Lendo a mensagem, notei que se encontrava, de quando em quando, a letra "a" escrita à maneira do alfa grego. Notei também singulares soluções de continuidade entre as letras de certas palavras, como *d-eath*, *vin-tage* etc. Nem o sr. V. nem eu tínhamos visto uma só assinatura de Oscar Wilde ou, se o leitor preferir, não tínhamos a menor lembrança de termos visto, algum dia, qualquer assinatura deste escritor.

Assim que o sr. V. se despediu, pensei que seria interessante comparar a mensagem obtida

> com uma assinatura de Oscar Wilde. Refletindo sobre o meio mais rápido de fazê-lo, tive a sorte de dirigir-me ao depósito de livros de Chelsea, onde encontrei uma carta assinada por ele e que ali fora depositada a fim de ser vendida. Fiquei pasma: a letra da carta era igual à da comunicação mediúnica, afora ligeiras diferenças que deviam fatalmente existir entre uma letra que se fez carregando com força no lápis e uma carta escrita com pena. Observei também que, de vez em quando, se encontrava na carta uma letra "a" escrita à maneira grega. Vi ainda esquisitas soluções de continuidade entre as letras de uma mesma palavra (pp. 80/81).

O texto dessa primeira mensagem era longo e interessante. Ele começava assim:

> Piedade para Oscar Wilde, piedade para aquele que foi na Terra o Rei da Vida... Já há vários anos que escrevi que "na cela de minha prisão reinava um crepúsculo perpétuo, do mesmo modo que um crepúsculo perpétuo ocupava meu coração", mas, presentemente, um crepúsculo perpétuo invadiu também a minha alma.

A frase a que o poeta faz alusão ele a escreveu, quando na Terra, no seu famoso livro *De profundis*, composto na prisão. A propósito desta frase e de outras ainda, citadas pelo comunicante, a sra. Travers-Smith observa:

Esta primeira comunicação sugere considerações interessantes, pois, estando todas elas nas obras de Oscar Wilde, fazem primeiramente pensar na possibilidade de um plágio subconsciente por parte dos médiuns, todavia, contra a hipótese do subconsciente, apresenta-se o fato de que, em algumas das minhas perguntas, ele as respondeu de maneira a mostrar, ao contrário, que o comunicante não extraía, de forma alguma, noções da mente do sr. V. e da médium. Assim, por exemplo, perguntei-lhe qual o endereço domiciliar, em Dublin, de *sir* William Wilde, pai de Oscar, endereço que eu conhecia muito bem, assim como a localidade onde estava essa casa, e ele me respondeu: “No subúrbio de Dublin. Meu pai era médico. Tenho alguma dificuldade de recordar-me de nomes.” Fiquei um pouco decepcionada, crendo perceber, nesta resposta, as tervigersações habituais e suspeitas das personificações subconscientes... Observei então: “Isto não vos deve ser difícil se sois realmente Oscar Wilde.” O lápis pôs-se novamente em movimento e escreveu: “Eu morava bem perto daqui, na Tite Street”. Retirei momentaneamente o contato de minha mão e perguntei ao sr. V.: “Há, com efeito, perto daqui, uma Tite Street, nome que ele escreveu corretamente. Eu nunca soube onde residira em Londres e o sr. sabia?” o sr. V. me respondeu: “É a primeira vez que venho a Chelsea e nunca ouvi falar nessa Tite Street.”

> Restabeleci o contato da mão e perguntei ao comunicante: "Dizei-me o nome de vosso irmão". "William", foi a resposta dele e acrescentou o diminutivo do mesmo nome "Willie". Perguntei-lhe ainda qual era o pseudônimo usado pela mãe de Oscar para assinar os seus escritos e a resposta foi "Speranza". Era verdade.
>
> Agora reflitamos um instante. Assim como o sr. V., eu não conhecia o endereço de Oscar Wilde em Londres e ele me foi fornecido sem que o pedíssemos. Ao contrário, eu conhecia o seu endereço em Dublin e, apesar disto, ele não me chegou a fornecê-lo. Quanto ao pseudônimo da mãe de Oscar, eu o conhecia, mas o sr. V. o ignorava. Tendo em vista este conjunto de circunstâncias, não se pode certamente supor que as indicações fornecidas pela entidade comunicante fossem extraídas das subconsciências dos médiuns...

Diante das considerações da sra. Travers-Smith que acabaram de ler, sou levado a considerar o conjunto de provas de identificação espirítica baseado nas informações fornecidas pelo espírito comunicante relativamente à sua existência terrestre e esgotar o assunto, citando e examinando outras informações do mesmo gênero.

No decurso da sessão de 19 de julho de 1924, o comunicante escreveu:

> Permiti-me, por uma vez, que eu desça aos enfadonhos labirintos das informações pessoais.

> É bem incômodo para mim extrair das profundezas obscuras da memória recordações do passado. Uma das minhas primeiras recordações da infância é constituída pela visão de uma pequena granja irlandesa na aldeia de Mc Cree...
>
> Cree... Não, o nome não é precisamente este. Glencree (?). Nós ali morávamos com Willie e Iso... Era lá que um velho e bom mestre ia dar-nos as primeiras lições. Era um padre, o padre Prid...... Prideau (?). Corria perto da granja um límpido regato. Outras recordações... um jantar com Arnold e Pater, perto do Hyde Park... Um almoço com a sra. Margot Tennant, sra. Fox Blunt e outros, em Londres. Asquith era um dos presentes, mas não me parecia estar verdadeiramente no seu ambiente. Paguei as despesas e depois do almoço contei pequenas histórias à sra. Margot.

A sra. Travers-Smith assim comenta esta comunicação de Oscar Wilde:

> Todas estas informações, que a nossa investigação mostrou serem verídicas, eram absolutamente ignoradas dos médiuns e dos assistentes.
>
> Nelas verificou-se apenas um único erro, evidentemente de uma confusão na transmissão: não compareceu nenhuma sra. Fox ao almoço de que fala Wilde. Este erro é devido talvez a uma inversão de nomes, visto que o episódio que as segue se refere ao padre Prideau Fox.

Oscar Wilde prossegue assim na sua mensagem:

> Um dos momentos mais felizes de minha vida terrena foi quando, depois de sair da prisão, dei aula às criancinhas de uma aldeia perto de Bernaval (?). Chamava-me então Sebastian Melnotte... Melmoth, como recordação de um dos meus antepassados. Sebastian em recordação das setas terríveis que me abateram. Jean Dupré, eu o conheci em um Café de Paris... Estou muito confuso e receio ter colocado mal, no tempo, algum acontecimento de minha vida (pp. 65/67).

Eis os comentários feitos a respeito pela sra. Travers-Smith:

> É digna de nota a lembrança de uma pequena granja em Glencree. Wilde fez duas tentativas para escrever o nome: Mc Cree... Cree... Não, o nome é Glencree... Sei que existe a umas doze milhas de Dublin uma aldeia perdida nas montanhas, com o nome de Glencree. Já o sr. V. nada sabia disto, pois nunca estivera na Irlanda. Wilde disse ter morado nessa aldeia "com Willie e Iso". Ora, bem que compreendi ser Willie o seu irmão William, mas quem seria Iso? Eu ignorava completamente que ele tivera uma irmã. Tomando informações posteriormente, soube que realmente tinha tido uma irmã chamada Isola, que falecera com a idade de oito anos e à qual fora

muito afeiçoado. Wilde fala, além disto, em um velho sacerdote, o padre Prideau, que lhe havia dado as primeiras lições. Escrevi então ao atual professor da escola de Glencree, o padre Folley, que teve a paciência de dar buscas a respeito do caso e de me informar, em seguida, que, há sessenta anos, era diretor da referida escola o padre Prideau-Fox.

Quanto à referência a uma aldeia de nome Bernaval, o sr. V. e a minha filha, então presente, ignoravam, tanto quanto eu mesma, que Wilde havia lá estado ao sair da prisão (pp. 126/27).

Finalmente, notemos que Wilde acrescentara: "Chamava-me então Sebastian Melnotte. Isto foi aproveitado pelos críticos e citado como uma prova incontestável da derivação subconsciente desta informação, visto que o sobrenome tomado por Wilde era Melmoth e não Melnotte. Quando se levantou esta objeção, reli a mensagem e verifiquei que ele fornecera duas versões deste sobrenome, sendo uma Melnotte e outra Melnoth. Todavia uma feliz coincidência fez-me saber ainda outra coisa. Algumas semanas após, publicou o jornal *Times* o anúncio de uma das suas vendas habituais de autógrafos em leilão: eram de Oscar Wilde. Explicava-se no dito anúncio que algumas cartas expostas à venda estavam assinadas com o nome de Sebastian Melmoth e que uma dentre elas pedia que a resposta fosse dirigida a Sebastian "Melnotte", acrescentando que ele se reservava para explicar ao destinatário

> o motivo da mudança de sobrenome. Tais são os fatos. Ora, é absolutamente certo que este detalhe não podia ser extraído da minha subconsciência ou da do sr. V., pois nem eu nem ele podíamos imaginar que Wilde tivesse uma vez ou algumas vezes empregado uma variante do seu pseudônimo (pp. 111/12).

Este último verdadeiro detalhe sobre o nome então usado por Oscar Wilde reveste-se de um interesse teórico que a ninguém escapara. Não se podia, com efeito, explicá-lo pela hipótese de criptomnesia e tampouco pela da criptestesia.[6] A hipótese da criptomnesia não podia ser levada em conta, pois, de modo algum, se podia conceber que os médiuns tenham podido conhecer, para esquecer em seguida, um detalhe, absolutamente íntimo, dos últimos anos do poeta e, portanto, autêntico pela sua meticulosidade. Quanto à outra hipótese, da criptestesia, que é, em suma, a faculdade da clarividência, observo que, para que pudesse ser aplicada a este difícil caso, seria preciso supor que, graças às suas faculdades supranormais, um ou outro desses dois médiuns tenha descoberto o rastro do destinatário da carta de Oscar Wilde e captado, na sua subsconsciência, este detalhe e dela extraído o detalhe da variante do pseudônimo. Estas são as hipóteses naturalistas que podem ser aplicadas ao caso em exa-

[6] Nota do Tradutor: A primeira é a faculdade da leitura, na mente dos presentes, de fatos ou coisas conhecidos deles em qualquer época, mas esquecidos no momento da experiência, já a segunda consiste no conhecimento de fatos ou coisas que o médium tem pela percepção espiritual e não, pelos órgãos normais.

me. Como nenhumas outras são conhecidas, apelo para o bom senso dos leitores no sentido de que tenham a bondade de julgar se a explicação dos fatos por essas duas hipóteses é preferível à outra, tão simples e natural, que sobressai *do conjunto das circunstâncias*, isto é, quem fez conhecer este detalhe foi o espírito daquele que o conhecia pessoalmente.

Para não me alongar demasiadamente, não me deterei em outros detalhes verídicos supracitados, todos igualmente importantes, sob o ponto de vista teórico, principalmente aquele em que o espírito comunicante fala de uma falecida irmãzinha, cuja existência era desconhecida dos experimentadores. Convém notar ainda que, embora de grande importância, bastando por si só para triunfar de quaisquer hipóteses naturalistas, esses detalhes não têm senão um valor subsidiário depois das provas de identificação pessoal fornecidas pelo espírito de Wilde, dentre as quais devemos assinalar as seguintes: as mensagens mediúnicas foram escritas com a caligrafia peculiar ao comunicante, quando vivo, e nos dois estilos que constituíam a sua personalidade literária bem nítida: um, classicamente impecável, apesar da abundância das imagens e da exuberância dos adjetivos; outro, mordaz, cáustico e inimitável. A sra. Travers-Smith dá, com razão, mais importância à eficácia demonstrativa destas duas últimas provas do que aos detalhes verídicos fornecidos pelo comunicante sobre a sua vida terrena, aditando que, sob o ponto de vista teórico, as hipóteses que se opõem a estes detalhes, sendo, embora inteiramente absurdas e insustentáveis na extensão arbitrária que lhes é atribuída, não podem ser praticamente refutadas, visto não serem demonstráveis.

Seja como for, se os partidários da hipótese espírita não possuem uma arma com que possam combater contra o vácuo, muitas vezes lhes acontece aprisionar o próprio vácuo e, no caso em questão, não é difícil cercá-lo por todos os lados, de forma a tornar praticamente nulas as hipóteses contrárias que para ele convergiram. É isto que se consegue empregando as duas supracitadas hipóteses, pois elas encerram argumentos substanciais, capazes de conduzir a este resultado.

Começando pela prova de identidade pela caligrafia, lembro o que já disse: que todas as mensagens transmitidas pelas mediunidades combinadas da sra. Travers-Smith e do sr. V. mostraram um *fac-simile* admirável da letra do morto que se dizia presente, de tal maneira que os traços característicos mais insignificantes, como os mais salientes da sua letra, foram ali reproduzidos, como, por exemplo, a letra "a", escrita à maneira do alfa, e o fato de destacar um grupo de letras de outras, numa mesma palavra. Tudo isto se pode verificar se confrontarmos os *fac-similes* publicados na obra da sra. Travers-Smith. Não é demais lembrar aqui que, em tais circunstâncias, o médium escrevia com os olhos fechados e uma rapidez vertiginosa.

São estas as modalidades complexas e extraordinárias em que se produziu o fenômeno durante vários meses, modalidades que sugerem considerações teóricas muito importantes e opostas a quaisquer explicações naturalistas. Para melhor demonstração do caso, convém indagar, primeiramente, até que ponto se poderia legitimamente levar a hipótese naturalista das manifestações deste gênero. Se se tratasse, por exemplo, da reprodução, pura e simples, da assinatura de uma pessoa morta, então a hipótese da criptomnesia poderia ser legitimamente admitida, visto que não se poderia excluir, de forma absoluta, a possibilidade de que essa assinatura tivesse sido vista um dia por um dos médiuns. Neste caso, o clichê da assinatura teria emergido da subconsciência do médium com o auxílio do automatismo psicográfico. Outro tanto se pode dizer com relação à hipótese da criptestesia segundo a qual as faculdades clarividentes dos médiuns teriam visto, diretamente, à distância, a assinatura de Oscar Wilde em algum livro ou documento, reproduzindo-a psicograficamente como se a copiassem de um modelo. Tudo isto se pode legitimamente sustentar (não quero dizer, de modo algum, que ditas hipóteses sejam racionais em todos os casos), mas o que se deveria, em compensação, excluir, de maneira absoluta – e isto ninguém ainda se lembrou de sustentar – é a possibilidade de se conseguir compreender, pela criptomnesia e pela criptestesia, que uma pessoa, com os olhos fechados, possa escrever automaticamente, corretamente, e com grande rapidez, com a própria letra do defunto que se diz presente. Esse fenômeno redunda em coisa inteiramente diversa, pois não se trataria mais de copiar de um modelo à vista ou de evocar um clichê subconsciente e sim, a pessoa de exprimir os seus próprios pensamentos, empregando a letra de outro. E como a letra própria de um indivíduo é a expressão simbólico-específica do seu sistema neuromuscular, resulta daí que é impossível a qualquer pessoa, em qualquer condição em que se encontrar, escrever corretamente na própria letra de outro, isto é, peculiar ao seu sistema neuromuscular. É isto tão impossível como o é a qualquer pessoa, seja qual for a sua situação psíquica, conversar corretamente numa língua que ela ignorar por completo. Segue-se que, quando essas manifestações se produzem nas sessões mediúnicas, não há senão uma única interpretação racional para os fatos, que é a de admitir a intervenção do espírito que afirma estar presente.

Prosseguindo, passo a discutir a segunda das provas em apreço, ou seja, a que se refere ao fato de serem as mensagens de Oscar Wilde ditadas no dois estilos que constituíam a sua personalidade literária tão nítida. Transcrevo, para começar, algumas considerações que a sra. Travers-Smith escreveu a respeito, considerações claras e imparciais como costumam ser as dessa escritora, que se mostra sempre pronta a concordar com os partidários da interpretação naturalista, indo além do que parece legítimo. Escreve ela:

> Observam-se, nestas mensagens, três séries principais de provas relativas à identificação pessoal do espírito comunicante. A primeira

consiste na identidade da letra; a segunda, na identidade de estilo ou melhor, dos dois estilos que lhe são próprios, e a terceira, na identidade do seu pensamento ou, mais exatamente, da sua intelectualidade. Se tivéssemos obtido unicamente a identidade da letra, esse fato nos pareceria, indubitavelmente, muito estranho e muito interessante, visto que, nas referidas mensagens, se encontram os traços característicos e incontestáveis da letra de Oscar Wilde, letra que longe de ser um letra vulgar e, portanto, facilmente imitável, revela, ao contrário, todas as regularidades e flexibilidades de mão de artista, todavia, se tivessem obtido apenas isto, eu não hesitaria em encarar o fenômeno como um incidente de reminiscência do subconsciente. E mesmo se à letra individual se juntasse uma vaga semelhança no estilo, teria ainda e sempre pensado que o fato não tinha importância como prova da sobrevivência espiritual de Oscar Wilde. A meu ver, para se alcançar essa prova, havia de ser preciso que, correntemente com a letra do defunto, se tivesse também verificado, nas mensagens, o verdadeiro, o próprio estilo de Oscar Wilde e, sobretudo, que, por detrás do seu estilo, surgisse, por sua vez, nitidamente, a sua intelectualidade. Ora, se as mensagens forem analisadas com o espírito livre de qualquer ideia preconcebida, forçoso é reconhecer que se está diante de um dos raros casos em que as provas de identificação, no sentido acabado de indicar, podem ser consideradas completas.

Nas mensagens em apreço, a intelectualidade de Oscar Wilde ressurge de um modo literalmente completo, com todas as suas qualidades e todos os seus defeitos. Nota-se nestes últimos o timbre que tinha no seu temperamento de homem e escritor. Vê-se, efetivamente, sobressair neles a estima, sem limites, que votava a si mesmo, como autor, o desprezo injustificado pelas produções literárias dos outros e a maneira cáustica, zombeteira e impenitente com a qual os desbancou.

Pode-se dizer outro tanto das suas boas e raras qualidades que se encontram, inalteráveis, nas mensagens, como também se nota nelas o culto extraordinário, quase mórbido, que ele rendia às belezas da natureza e da arte, bem como a sua estranha sensibilidade afetiva pelas 'palavras' em si mesmas. Estes sentimentos ele os exprime nas mensagens como o fazia, quando vivo, com um ardor e cores inimitáveis.

Não nos seria possível citar trechos dessas mensagens literárias sem diminuir o seu brilho. Com efeito, para se apreciar os traços de espírito e de ironia com que Oscar Wilde fustigava os autores de seu tempo e para compará-los com tudo o que há de semelhante nas suas obras seria preciso conhecer a fundo a produção literária de Wilde e a literatura inglesa da época.

Faço notar, agora, que a parte crítico-literária das mensagens dele foi precisamente a que maior impressão causou na Inglaterra com relação à identidade pessoal do espírito comunicante.

Foi graças a essa identidade que as suas mensagens tiveram larga aceitação nos meios literários ingleses e, a este respeito, é bem digna de registro uma outra circunstância interessante do ponto de vista capital da identidade de pensamento e de intelectualidade entre o autor das mensagens e o finado Oscar Wilde. É que, entre os homens de letras que têm analisado as mensagens, nenhum houve que pensasse em levantar dúvidas sobre elas, o que mostra até que ponto essa identidade pareceu a todos evidente e incontestável. Apenas um crítico sutil, muito exigente, observou que algumas se pareciam muito com a prosa de Oscar Wilde, mas de um Oscar Wilde que não estivesse mais na plenitude dos seus meios.

A sra. Travers-Smith refere-se a esta objeção no seguinte trecho de sua obra:

> Nota-se, na leitura das mensagens, que o espírito comunicante não cessa de se referir ao estado de perturbação ao qual estão sujeitas, no além, as vítimas das convenções sociais.
>
> Bem parece que Oscar Wilde não perdeu nada do seu orgulho e do seu egoísmo, mas lastima, por vezes, da perturbação que sofreram os seus sentidos e da falta de luz e de cor. Diz ele: "Minha intelectualidade atual pode ser comparada a uma fechadura enferrujada em que a chave gira com dificuldade, rangendo e estalando." De outra feita, observa: "Minha inteligência não é mais tão ágil e tão ativa como o era na vida terrena."

Mais tarde, ele fala, com desafogo, das claraboias de sol que lhe foram permitidas descortinar por meu intermédio e que o salvam de ficar completamente mofado no meio em que se acha. Observo, a este respeito, que houve críticos que objetaram que essas mensagens mediúnicas não revelam toda a perfeição que se encontra nas melhores prosas de Oscar Wilde. Ora, acho que os críticos, que exigem do defunto Oscar Wilde um estilo improvisado, mantendo-se à altura das suas melhores obras, não fazem nenhuma ideia das dificuldades em meio das quais se produzem as comunicações mediúnicas.

Além disto, não nos devemos esquecer de que Wilde acabou os seus dias em completa ruína, com grandes decepções e amarguras. Pode-se acrescentar que, mesmo no além, ele se encontrava em condições muito precárias, relacionadas com a existência que aqui teve.

Considerando tudo isto, podemos razoavelmente exigir que os seus mais brilhantes momentos de escritor, durante a sua existência terrena, possam manter-se ainda inalterados e que aquela sua ponta de ironia deva mostrar-se tão fina como pelo ano de 1890? Seja como for, penso que mesmo que devamos aceitar a opinião de certos críticos, ou seja, que o gênio de Oscar Wilde se mostre deprimido e que a lâmina da sua ironia pareça menos afiada que outrora, tudo isto em nada diminuirá a enorme importância do fato de se ter produzido, mediunicamente, alguma coisa de tão semelhante

> ao estilo de Oscar Wilde, que impõe, a quem quer que seja, o dever de apreciar e discutir este caso. Enfim, não nos devemos esquecer de que a produção, no estilo pessoal do morto, é dupla pela reprodução caligráfica do mesmo, circunstância que apresenta grande eficácia demonstrativa em favor da hipótese segundo a qual nos achamos, efetivamente, na presença do caso de uma entidade espiritual que sobrevive à morte do corpo físico.
>
> Na verdade, é preciso um grande esforço de imaginação para crer que a teoria de subconsciente do mesmo médium, em resultado de um eventual e rápido olhar lançado, distraidamente, sobre um escrito de Wilde, pela personalidade consciente do mesmo médium, consiga ditar centenas e centenas de páginas nas quais não se encontre uma só palavra que não esteja escrita na caligrafia do morto.

A sra. Travers-Smith frisou bem o grande valor teórico que traz, em favor da interpretação espirítica dos fatos, a prova da identidade da caligrafia, como demonstração adicional. Do mesmo modo, não será certamente inútil recordar também o valor teórico que a mesma dá à outra prova adicional dos numerosos incidentes verídicos fornecidos pela entidade comunicante a respeito da sua vida terrena, incidentes, em grande parte, ignorados pelos médiuns.

Quanto à objeção à que se responde no citado trecho, não penso que seja preciso acrescentar outras considerações às que fez a sra. Travers-Smith, tão cerradas e completas, além da observação de que seria talvez oportuno insistir mais a respeito das dificuldades psico-fisiológicas inevitáveis que se apresentam à personalidade de um defunto que pretenda transmitir o seu pensamento aos vivos da Terra, por intermédio do cérebro de outro. É oportuno insistir neste ponto porque o fato de terem sido essas enormes dificuldades superadas com sucesso, no caso em questão, é o que admira, sobremaneira, as pessoas competentes na matéria, pois não ignoram quanto é raro a personalidade de um morto conseguir triunfar delas.

A experiência mostra que, se geralmente uma entidade espiritual se acha, mais ou menos, em condições de fornecer boas provas de identificação pessoal, referindo-se a episódios de sua existência terrena, bem raro é que consiga reproduzir, exatamente, a sua caligrafia e, principalmente, revestir o pensamento do seu estilo especial e fazer emergir, através do estilo, a sua própria personalidade intelectual. É coisa que parece inevitável pois, em geral, as entidades espirituais transmitem, telepaticamente, o seu pensamento aos centros cerebrais de ideação dos médiuns que não podem deixar de revesti-los, subconscientemente, dos recursos da linguagem e do estilo de que eles dispõem. É verdade que, em outros casos menos frequentes, parece, ao contrário, que as personalidades que se manifestam utilizam, diretamente, o material da linguagem e do estilo que se acham disponíveis nas reservas mnemônicas do cérebro dos médiuns, porém, em qualquer caso, é claro que, em tais circunstâncias, a entidade manifestante não poderia aproveitar senão o que pode encontrar nessas reservas.

Estas considerações demonstram a grande importância que tem a cultura geral dos médiuns, com mais ou menos idoneidade, para se tornarem bons instrumentos transmissores ao serviço dos espíritos que desejam comunicar-se. Já vimos que a sra. Travers-Smith recebeu de seu pai, professor de literatura inglesa na Universidade de Dublin, uma profunda educação literária e é, por isto, que ela mostrou ser um excelente instrumento mediúnico para a transmissão do pensamento de um homem de letras. Na página noventa da sua obra, a sra. Travers -Smith faz notar que, se é certo que Oscar Wilde foi o mesmo ao manifestar-se por diferentes médiuns, com nenhum procurou ele fazer crítica literária, só esta pôde desenvolver-se livremente pela mediunidade que lhe era própria quando operava sozinha.

Ora, é claro que isto aconteceu porque o comunicante só encontrara nela o instrumento cerebral apto para esta difícil tarefa ou, em outras palavras, porque os outros médiuns não lhe puderam fornecer o material bruto da língua literária e da cultura especializada de que precisava um espírito comunicante que pretendia revestir o seu pensamento de certa forma literária e discutir questões literárias. Devo, contudo, observar que tudo contribui para demonstrar que o comunicante utilizava unicamente o material bruto existente nas reservas mnemônicas da médium e bem assim o senso do estilo literário finamente educado nela e não os seus conhecimentos e opiniões pessoais. Isto está provado pelos 'ensaios críticos' do comunicante, relativos, muitas vezes, a obras que os dois médiuns haviam lido e, quando se refere a obras lidas pelos médiuns, então os julgamentos do comunicante são opostos às opiniões pessoais dos mesmos. A sra. Travers-Smith teve de assistir à derrocada impiedosa dos escritores que ela mais apreciava.

Eis como Oscar Wilde explica a maneira pela qual transmitia o seu pensamento à médium. Durante uma sessão em que a sra. Travers-Smith estudava sozinha e experimentava com o aparelho oui-ja, a personalidade do poeta se manifesta. A médium dirige-lhe então esta pergunta: "Por que me escolhestes para médium?" e ele lhe respondeu assim:

> Cara senhora, a coisa não é tão fácil de explicar. Já vos disse que tinha olhado para o vosso mundo, por diversas vezes, através dos olhos de médiuns de vários países e isto para me encantar ainda com a glória do vosso sol. Deste meio sombrio onde me acho já desejei, repetidamente, transmitir o meu pensamento a alguém da Terra que estivesse apto a compreender uma mentalidade idêntica à minha: imaginativa, fantástica, desejosa até de sentir e de concentrar toda a beleza em palavras. Procurei, por várias vezes, um 'frasquinho' capaz de conter a essência das minhas ideias, mas até o dia em que consegui

arrebatar o lápis da mão de um espírito que se esforçava para se comunicar por intermédio do instrumento (isto é, do médium V. que Wilde designa constantemente por este nome), dia até quando nunca havia encontrado o cérebro de que eu precisava. Compreende-se que, se querem que eu fale aos vivos na forma que me era pessoal em vida, é indispensável que eu encontre um cérebro literalmente capaz para nele atuar. Tenho necessidade de um órgão cerebral que permita filtrar por meio dele o meu pensamento como a areia finíssima de uma ampulheta se escoa através do pequeno orifício desse aparelho, e não apenas se torna necessário que esse cérebro seja límpido como também que eu ache nele o material necessário para exprimir as minhas ideias. Posso empregar a mão do 'instrumento' (isto é, do sr. V.), de modo a fixar no papel a minha caligrafia, mas o seu cérebro não me serve de forma alguma. Se eu tentasse servir-me dele as minhas ideias ficariam ali presas como as moscas em um papel gomado (pp. 35/36)."

Em certa ocasião em que a médium se sentia muito cansada, Oscar Wilde observou:

Encontrei-vos menos sensitiva às minhas ideias do que de costume. De qualquer maneira, mesmo quando estais cansada, sois sempre uma perfeita 'harpa eólica', acolhendo maravilhosamente as vibrações do meu pensamento".

E mais adiante:

> Vós possuís o senso do estilo. É por isto que me servis muito bem para revestir o meu pobre pensamento de uma forma adequada (p. 40).

Ele queixa-se, por vezes, de encontrar, no cérebro da médium, palavras e imagens vulgares. Eis, a propósito, um curioso trecho no qual o comunicante tinha, romanticamente, começado a falar da lua. A mão da médium escreveu o seguinte:

> Breve a lua se erguerá no horizonte do vosso mundo e ali aparecerá suspensa no ar como uma grande forma de queijo dourada. Parai! Parai! Parai! Esta comparação é intolerável. Escreveis como um taverneiro pretensioso e rico que tivesse passado da venda de toucinho a escrever versos. Colho as palavras no vosso cérebro tais como nele as encontro. Vamos começar de novo. Como um grande *melão* dourado suspenso no azul profundo da noite... Esta comparação é melhor, embora seja muito rústica. Em suma, ela pode passar porque adoro a vida rústica (p. 7).

Os supracitados episódios, como muitos outros contidos nas mensagens, confirmam, sobremodo, o que já de há muito se conhece, isto é, que bastas vezes os espíritos dos desencarnados utilizam-se do cérebro de um médium como o teclado de uma máquina de escrever com inúmeras teclas. Se é certo que isto pode ser compreendido pela imaginação até certo ponto, não se pode penetrar neste assunto de modo inteligível para nós, o que, de resto, é de presumir mesmo *a priori*, pois que modalidades totalmente diferentes de atividade psíquica devem forçosamente corresponder a uma modalidade de existência qualitativamente diferente.

Observam-se, não obstante, nas mensagens de Oscar Wilde, outras formas de percepção espiritual, por assim dizer 'sintéticas', que, sendo vizinhas da que se discute, auxiliam um pouco a compreendê-la.

A sra. Travers-Smith havia observado que Oscar Wilde criticara não somente os autores de sua época como também os que surgiram depois da sua morte e que ele, portanto, não conhecera, e o enigma se complicava ainda mais pelo fato de que, quase sempre, os médiuns também não haviam lido as tais obras que o comunicante criticara. De onde extraía, pois, esses conhecimentos o espírito de Oscar Wilde?

Eis como ele explicou à médium este mistério:

> Tal como o cego Homero, vou errando pelo mundo à procura de olhos para ver e chego a ver mesmo, por vezes, através do véu escuro das trevas que me rodeiam. Tudo isto com o auxílio dos olhos de vivos que ignoraram sempre o mistério de minha intrusão na sua existência e fico, assim, em condições de contemplar, ainda uma vez, o vosso belo mundo. Tenho tido 'janelas' de visão renovada nas mais diferentes regiões da Terra. Pelo rosto tis-

> nado de uma moça tamala contemplei longamente as plantações da ilha de Ceilão; pelos olhos de um curdo nômade vi o monte Ararat e a tribo dos Iézedas que adora ao mesmo tempo Deus e Satã e apenas amam as cobras e os pavões. Certa vez, num vapor de viagem de recreio a Saint Cloud, vi as verdes águas do Sena e o panorama de Paris, este pelos olhos de uma menina, que nada compreendendo do que se produzia, aconchegava-se à sua mãe, chorando amedrontada. Ah! Como são preciosos esses minutos de visão! Eles constituem as estrelas da minha pobre noite, as joias faiscantes do meu escrínio de trevas, são o néctar sonhado da minha alma sequiosa e eu daria bem todo o meu renome para a obtenção desse tesouro incalculável. Olhos! Olhos! Que pode fazer um homem ao perder os olhos? Que não daria eu para recuperá-los? Ficareis talvez surpresa sabendo que, do mesmo modo, pude mergulhar-me profundamente nas obras dos autores do vosso tempo. Naturalmente não tomo conhecimento de toda a colheita, limitando-me a apreciar o melhor da vindima. Todos vós ainda tendes muito o que aprender a nosso respeito (pp. 17/18). É, sem dúvida, um processo curioso. Eis como opero: vigio, esperando uma boa ocasião e, assim que ela se me apresenta, aproveito o momento oportuno e mergulho-me na mentalidade do escritor, colhendo as impressões que desejo e que são geralmente de natureza coletiva (p. 20).

Em outro lugar das suas mensagens, ele acrescenta o que se segue:

> Estou apto a esquadrinhar nos cérebros dos autores e apreender, coletivamente e de modo fulminante, o que merece ser observado nas suas obras (p. 178).

Enfim, certa vez em que a médium lhe perguntou: "Que pensais dos versos de Sitwells? Leste-os?" – ele respondeu: "Não os conheço, pois não quero desperdiçar meu precioso tempo a apanhar rãs. Mergulho-me exclusivamente no intelecto dos que têm certo mérito e não desço abaixo de certo nível."

A respeito do assunto em questão, segundo as explicações fornecidas por Oscar Wilde, a maneira pela qual as personalidades espirituais tomam conhecimento das obras dos autores terrestres seria uma forma de percepção coletiva ou 'sintética' do conteúdo delas, conteúdo registrado, de modo indelével, nos centros mnemônicos dos autores. Isto é interessante, pois, em uma monografia minha, consagrada aos fenômenos de 'visão panorâmica', propus-me justamente a fazer notar que tudo concorre para mostrar que as percepções psíquicas, em um meio espiritual, apresentam a particularidade de se manifestarem em termos de 'simultaneidade', contrariamente às percepções análogas no meio terrestre, onde se manifestam em condições de 'sucessão', e, a esse respeito, não se pode senão assinalar o considerável valor teórico deste fato: que essas modalidades espirituais de percepção sintética se realizam excepcionalmente e também na existência terrestre, em geral, no sono fisiológico, ou no sonambúlico ou extático, algumas vezes nos momentos supremos de inspiração dos gênios ou no período pré-agônico dos moribundos. Para dar, a este respeito, uma ideia precisa aos meus leitores que não estão a par do assunto, lembrarei o fenômeno curioso a que estava sujeito Mozart, que percebia, subjetivamente, em termos de simultaneidade, a sucessão da coordenação de todas as notas que constituíam uma peça inteira de música e de onde ele extraía o melhor das suas composições. Do mesmo gênero é o fenômeno conhecido da visão panorâmica nos moribundos que percebem, subjetivamente, em termos de simultaneidade, a sucessão inteira de acontecimentos das suas existências, fenômeno esse que é bem conhecido dos psicólogos.

Para não me afastar do tema de que ora me ocupo, não me estendo sobre o assunto, limitando-me a completar esta curta notícia e a observar que a simultaneidade própria das percepções psíquicas manifesta-se também nas faculdades supranormais subconscientes. Isto contribui para mostrar que essas faculdades constituem, efetivamente, os sentidos da vida espiritual que preexistem, formados, em estado latente, na subconsciência humana, para funcionar no meio espiritual, depois da crise da morte, como os sentidos da vida terrena preexistem, formados, em estado latente, no embrião, esperando também o momento de funcionar no meio terrestre, após a crise do nascimento.

Agora, referindo-se à maneira com que Oscar Wilde se utilizava das reservas de palavras e do esquisito estilo existente no cérebro da médium, observo que, com muita verossimilhança, tudo isto se produzia, por sua vez, graças a um fenômeno análogo de percepção simultânea de todo o material bruto disponível no mesmo cérebro. Esta suposição torna inteligível que a circunstância de poder o comunicante utilizá-lo, com a rapidez vertiginosa com que são produzidos geralmente os ditados mediúnicos é, por sua vez, um indício de que, no além, também a concepção de uma mensagem longa se produz em termos de simultaneidade: a mão do médium corre pelo papel porque ela traduz, em termos de sucessão, o que o seu cérebro recebe em termos de simultaneidade.

Antes de concluir, é oportuno dizer algo sobre as condições espirituais em que se encontrava o comunicante, condições a que ele faz referência, bastas vezes, em trechos de comunicações citados acima.

Numa das suas primeiras comunicações, Oscar Wilde exprimiu-se deste modo:

> Minha atual tarefa não é muito melhor do que a que me era imposta na prisão, onde eu cardava lã. Lá, pelo menos, o meu espírito podia afastar-se do corpo e vagar à vontade. Aqui não tenho mais corpo para sair dele e a ausência de corpo torna-me impossível uma das mais agradáveis distrações da Terra. Não é, de modo algum, de satisfazer, a ideia de nos sentirmos simples espírito, isto é, sem corpo físico. Esse era um instrumento que nos fazia parecer atraentes ou, se preferirem, mesmo inteiramente o contrário.

Aqui onde me encontro, essa distração foi posta de lado, mas, em compensação, conhecemos até muito bem as ideias mais secretas dos outros. Acontece que as ideias dos outros acabam por não mais nos interessarem e o tédio nos invade a existência espiritual.

Podemos perceber, reciprocamente, os nossos pensamentos como vós podeis ver uns nos outros as manchas das vossas roupas (p. 15).

Eu vos disse que em torno de mim só há trevas. É o meio reservado aos que foram vítimas das convenções sociais e elas me levaram a uma situação que não é nada favorável à minha elevação espiritual.

A minha mente é, no momento, uma espécie de fechadura enferrujada, na qual a chave gira com dificuldade, rangendo. O pensamento não mais se desprende, ágil e rápido, como outrora (p. 20).

Estiolo-me neste crepúsculo eterno, mas bem sei que, um dia, elevar-me-ei até os fastígios do êxtase espiritual, pensamento de esperança que nos é concedido para nos ajudar a suportar...

O espírito humano está destinado a conhecer o bem e o mal até as suas raízes mais profundas, sem o que ele nunca atingirá a perfeição. Sofre neste meio de trevas, porque o alvo que devo atingir me parece ainda mais distante.

E, no entanto, possuo a faculdade do conhecimento, conhecimento a que não pode alcançar a justiça humana que sempre torturou a pobre humanidade terrena desde que ela existe (p. 55).

> Seja como for, o estado em que me encontro não é, absolutamente, uma 'punição', como credes, é uma fase indispensável de minha experiência espiritual. É assim que estou presentemente encerrado em um véu de trevas, mas estas contribuem para me orientar, a mim próprio, para os altos cumes da perfeição espiritual (p. 176).

Estas revelações acerca da situação espiritual em que se encontrava o poeta Oscar Wilde são interessantes e, se imaginarmos que elas concordam, admiravelmente, com o que se afirma em outras mensagens análogas relativamente a consequências inevitáveis, no mundo espiritual, das faltas cometidas pelos homens, durante as suas existências terrenas, esta concordância constitui uma boa prova em favor de sua autenticidade.

Com efeito, se as revelações em apreço só fossem uma mistificação da subconsciência humana, não aconteceria que numerosos médiuns, pertencentes às nacionalidades mais diferentes, ignorando uns as mensagens obtidas pelos outros, se pudessem encontrar na descrição de um grande número de detalhes, que são, bastas vezes, absolutamente novos, estranhos e inesperados. Seja como for, no presente caso, a presunção a respeito da autenticidade dessas revelações está baseada em coisa bem diversa, isto é, no fato de o comunicante Oscar Wilde ter conseguido demonstrar a sua própria identidade, fornecendo todas as provas que se podem racionalmente exigir em tais circunstâncias. Sou, pois, levado logicamente a concluir que, se, na série inteira das manifestações, não houve, que se reconhecessem, casos de mistificação subconsciente e se tudo o que ele afirmou acerca dos episódios verificáveis foi reconhecido como escrupulosamente verdadeiro, não se saberia por quais misteriosas argumentações lógicas, deixar de acreditar no que ele afirmou a respeito de sua vida espiritual.

A sra. Travers-Smith observa, que nenhum dos casos de identificação pessoal, de que ela tem conhecimento, teve, sobre a sua pessoa, uma influência tão eficaz como o de Oscar Wilde, para levá-la a acolher a explicação espírita dos fatos, pois dificilmente se encontrará um exemplo tão completo e circunstanciado em favor da tese da sobrevivência da alma.

Com efeito, acham-se reunidas, neste caso, todas as provas cumulativas que, racionalmente, se tem o direito de exigir em tais circunstâncias. Primeiramente, a transmissão de vários incidentes pessoais, ignorados de todos os assistentes, em seguida, a prova memorável de identidade, continuada sem parar, no decorrer de centenas e centenas de páginas e, finalmente, a outra prova, mais importante ainda, da identidade de estilo, ou melhor, dos dois estilos que caracterizavam a personalidade do espírito comunicante, enfim, a mais concludente de todas as outras, ou seja, a do ressurgimento, por detrás do estilo, da sua complexa, estranha e inimitável personalidade. Observo, ainda, que, além das provas fornecidas, Oscar Wilde prometeu, recentemente, acrescentar uma outra: a de ditar uma obra póstuma pela sua médium. Nestas condições, devo afirmar que não haverá opositores capazes de sustentar que o caso, que acabo de expor com um conjunto admirável de provas cumulativas, é susceptível de ser explicado pelas hipóteses da criptomnesia ou da critestesia e, como não conheço outras, resulta daí que, desta vez, para os opositores, está afastada qualquer possibilidade de justificar, com base nos fatos, o seu ponto de vista. Em outras palavras, fica provado que as conclusões a que se chegou, em favor da hipótese espírita, devem ser consideradas como cientificamente legítimas, irrefutáveis e decisivas.

Não ignoro, absolutamente, que, para o opositor sistemático, é sempre possível apelar para o recurso extremo a que se agarram todos os vencidos nestas questões: o de chamar, em seu auxílio, a teoria da prova absoluta, na extensão do sentido filosófico. Poder-se-ia dizer, em resumo, que não há, nos casos análogos, hipóteses naturalistas a opor à hipótese espírita e não é menos verdade que, mesmo nessas circunstâncias, não se consegue a prova absoluta, relativamente à sobrevivência do espírito humano. Não vai nisto uma grande descoberta: também não é menos verdade e fora de dúvida que todos os que forem dotados de senso filosófico, ou simplesmente senso comum, repelirão essa objeção insensata, pois que, neste mundo inferior dos fenômenos, tudo é 'relativo', o que faz com que nunca se possa obter a prova absoluta do que quer que seja, a partir de nossa própria existência, que é contestada por uma escola de filósofos idealistas. Não se pode, porém, contestar que tais filósofos tenham as suas boas razões a fazer valer, ou, antes, que a ideia ridícula de negar a existência de nós próprios não lhes é favorável justamente por causa da impossibilidade de fornecer a prova absoluta da existência do universo. Isto não impede, absolutamente, que todos convenham que os filósofos idealistas não têm razão, pois se, ao invés de contestarem a existência do universo, entregando-se a especulações metafísicas, tivessem examinado as inúmeras provas relativas, pelas quais se demonstra que algo existe, então teriam alcançado a respeito esta certeza prática, filosófica e científica, que basta e deve bastar em face da razão. Segue-se daí que exigir a prova absoluta, a propósito de uma hipótese qualquer, significa ter prazer em fazer ironia descabida ou, então, demonstrar insuficiência filosófica, científica e lógica. Seja como for, observo que, como ninguém ainda pensou em pedir a prova absoluta relativamente a qualquer outra hipótese científica, é estranho e inexplicável que esta prova seja agora exigida tantas vezes e de modo tão peremptório. A propósito da hipótese espírita, o último a pedi-la foi o dr. William Mackensie, o que prova a cegueira com que os partidários do aniquilamento final lutam em defesa das suas ideias.

Concluindo, é certo que, apesar das pretensões absurdas do misoneísmo humano, o que é preciso para demonstrar, pelo método científico, a existência e a sobrevivência da alma, deve ser absolutamente análogo ao que se pede para se chegar à demonstração científica de uma outra hipótese qualquer, pertencente a qualquer outro ramo do saber humano.

Ora, sabe-se que o que se exige a este respeito consiste nisto: que, em consequência da análise comparada dos fatos, resulta claramente que os fatos em questão convergem todos para a demonstração da validade da hipótese a examinar. O que acontece no exame dos fenômenos mediúnicos – tanto anímicos quanto espíritas – é que convergem todos para a demonstração da existência e sobrevivência da alma. Os fenômenos anímicos para aí convergem, com efeito, pois que provam a existência, no homem, de uma personalidade integral subconsciente, bem superior à personalidade consciente, dotada de memória perfeita e de faculdades supranormais maravilhosas, independentes da lei da evolução biológica. Os fenômenos espíritas para aí convergem da mesma maneira, demonstrando, pelos fatos, a sobrevivência dessa personalidade integral subconsciente que os fenômenos revelaram. Em outras palavras: ressalta da análise comparada dos fatos que os fenômenos anímicos e os espíritas são complementares uns dos outros e isto até o ponto que, sem animismo, o espiritismo perderia a sua base. Vê-se, por isto, toda a inanidade e a superficialidade da lógica adversária, que se ilude em empregar os fenômenos anímicos para combater os fenômenos espíritas.

Eis aí a síntese conclusiva que ressalta, espontaneamente e inabalável, da análise comparada de toda a fenomenologia metapsíquica e esta feliz solução experimental do formidável problema do ser pareceu tão evidente e imponente ao professor James Hislop que ele não duvidou escrever a respeito o seguinte:

> As provas cumulativas convergentes em favor da hipótese espírita parecem de tal modo inabaláveis que eu não hesito em declarar que elas são absolutamente equivalentes e mesmo superiores às sobre as quais se baseia a teoria da evolução. (*Contacts with the other world,* p. 328)

Tudo isto de um modo geral. Voltando ao caso de que me ocupei, observo que os nossos próprios contraditores não poderão deixar de reconhecer que todas as provas racionalmente exigíveis de um morto, que se propõe provar a sua identidade, foram fornecidas, desta vez. Deve-se, então, admitir que, se um caso análogo de 'convergência de provas', a favor de uma dada hipótese, se verificou em outro ramo do saber humano, não se poderá deixar de proclamar logo a validade inabalável da hipótese discutida, o que equivale a reconhecer o nosso pleno direito científico de concluir no mesmo sentido, afirmando que o caso de Oscar Wilde traz uma outra joia esplêndida para o colar precioso de provas experimentais, da existência e da sobrevivência da alma.

Ernesto Bozzano

Nascido em Gênova, Itália, a 2 de janeiro de 1862, Ernesto Bozzano dedicou-se desde cedo ao estudo, sobretudo da filosofia e das ciências exatas. Adquiriu também amplos conhecimentos de psicologia, astronomia, paleontologia. Em 1891, já considerado um jovem sábio, com sólida formação positivista, converteu-se ao espiritismo, após a leitura das obras de Alexandre Aksakof. A partir daí, entregou-se apaixonadamente ao estudo da doutrina espírita

Em busca da verdade, trabalhou com mais de setenta médiuns, formando um grupo experimental de pesquisa, integrado por importantes cientistas da época. Escreveu cerca de cem obras sobre assuntos espíritas, muitas das quais tornaram-se clássicos da doutrina. Membro do Institutte Métapsychique International, Bozzano faleceu em sua cidade natal, a 24 de junho de 1943.

A impressão desta obra foi feita, em novembro de 2013, na Sermograf Artes Gráfica e Editora Ltda., Petrópolis, RJ. sendo tiradas mil cópias, todas em formato fechado 140x210 mm e com mancha de 95x165 mm. Os papéis utilizados foram o Inaset Plus Offset 75g/m^2 para o miolo e o Ningbo Star C2S Art Board 300g/m^2 para a capa. O texto principal foi composto em New Baskerville 11,5/12,4, as citações em New Baskerville 10,5/12, os títulos em New Baskerville 20/24 e as notas de rodapé em New Baskerville 10/12. A tradução e o prefácio da edição brasileira são de Francisco Klörs Werneck. A revisão foi feita por Cristina da Costa Pereira. A programação visual da capa foi elaborada por Cesar França de Oliveira. O projeto gráfico do miolo foi desenvolvido por Fernando Luiz Fabris.